101个应该知道的科学问题

[美] 迪亚·米歇尔斯　内森·利维 **著**
付　昕　等 **译**

科学普及出版社
·北　京·

图书在版编目（CIP）数据

101 个应该知道的科学问题 /（美）米歇尔斯，（美）利维著；付昕等译．—北京：科学普及出版社，2015.7（2022.1 重印）

书名原文：*101 Things Everyone Should Know about Science*

ISBN 978-7-110-08913-2

Ⅰ. ① 1… Ⅱ. ①米… ②利… ③付… Ⅲ. ①科学知识—普及读物 Ⅳ. ① Z228

中国版本图书馆 CIP 数据核字 (2015) 第 025637 号

Original title: *101 Things Everyone Should Know about Science*

Originally published in English in 2010 by Science,Naturally!, LLC

本书简体版通过成都锐拓传媒广告有限公司授权

著作权合同登记号：01-2012-8751

其他参与翻译人员　梁　琦　刘　萱　尹　霖　济　时

责任编辑　单　亭　彭慧元　崔家岭
装帧设计　中文天地
责任校对　王勤杰
责任印制　马宇晨

出版发行　科学普及出版社
地　　址　北京市海淀区中关村南大街16号
邮　　编　100081
发行电话　010-62173865
传　　真　010-62173081
网　　址　http://www.cspbooks.com.cn

开　　本　787mm × 1092mm　1/16
字　　数　150千字
印　　数　10001-15000册
印　　张　7.75
版　　次　2015年8月第1版
印　　次　2022年1月第3次印刷
印　　刷　北京长宁印刷有限公司
书　　号　ISBN 978-7-110-08913-2 / Z·211
定　　价　25.00元

目 录

作者的话 …… 1

问题

生物学问题 …… 5

化学问题 …… 9

物理学问题 …… 13

地球科学问题 …… 17

一般科学问题 …… 21

附加题 …… 24

答案

生物学答案 …… 27

化学答案 …… 49

物理学答案 …… 67

地球科学答案 …… 85

一般科学答案 …… 105

附加题答案 …… 113

作者的话

女儿凯莉14岁那年，为了给她找个有趣的科学夏令营，我费尽心思。别看我们住在大城市，其实并没有多少选择。最后，我们飞了1000英里（约1609千米），把她送到北伊利诺伊大学，参加了那儿的夏令营。而她妹妹参加的是足球夏令营，离家才几个街区；她弟弟参加的是一个音乐剧的夏令营，与我们家在同一条街上。

体育类或戏剧类的的夏令营数目都不少，但科学夏令营则要少得多。在许多人眼里，科学离日常生活太远，而且也太难，是为那些真正的书呆子准备的。

我并不认为凯莉会成为一名科学家，而这恰恰也是我要确保我的孩子能够经常接触科学的原因。除了学校课程外，她可能不会参加任何其他科学课程，因此课外学习十分必要——不做科学家不是你不懂科学的理由。

要是我的孩子弄不清在餐馆就餐时怎么给小费，不会欣赏莎士比亚的作品，不知道怎么在地图上找到通布图（Timbuktu）[①]，或者难以理解为什么要成立联合国，那我会感到非常失望。同样，我也希望他们知道飓风是如何预报的，巴氏灭菌是指什么，电路为什么能工作，pH值什么时候有用以及受控研究指什么。

---

① 西非马里共和国的一个城市，位于撒哈拉沙漠南端。——译者注

你真正懂得科学吗？科学家、教育工作者以及公共政策专家都认为公众普遍缺乏对科学的理解。科学是我们用来试着理解我们所处的世界的工具之一。科学帮助我们思考、应对和掌控我们的世界——希望它变得更好！

谈到像癌症的风险、太空探索以及转基因食品这类重要问题时，懂和不懂科学的区别，是清晰和混乱的区别。懂得科学，我们就容易理解驱动车辆运行的燃油技术、清除水中有害微生物的清洁剂和能够挽救生命的医疗实验；不懂科学的后果也很明显，例如，滥用化学物品所导致的生态问题、过量使用抗生素所导致的抗药病菌的演化以及城镇化对地球生物多样性的影响。

理解科学并不像记住一串事实那么简单。这基本上是个找到数据并分析数据的过程，目的是提出问题，就事物的发生给出令人信服的解释或理论，并作出理智的决定。能够提出关键的、科学的问题表明我们有能力参加各种主动的认知过程，包括收集数据并分类、测量、观察、分析，也包括讨论。在技术进步日新月异的今天，对科学的理解为我们提供了工具，使我们能够跟上变化并有所把控。

本书旨在就一些科学问题给出明确的答案。这样做所面临的一项挑战是把着眼点从寻找正确的答案转到寻找更加准确而有用的问题上。科学是一个满足好奇心的过程。它可能始于一项假说，也可能出自对意料之外的、随意发生的事情的观察。但这一过程常常包括推断、考虑所有可能的解释、可重复性实验以及排除与实验结果不符的结论。这是一个动态的、不断演进的过程。

本书原本是想为孩子们提供一个工具，后来则发展成为每个人提供的一个工具——不论年龄大小。这并非科学小游戏或课本，也并没有解释所有的科学问题。它取代不了课堂学习或动手实验，也不能替代在家里学到的东西或生活体验。它可以用作趣味游戏、家庭竞猜游戏、学校科学项目的出发点，也可用作一个评估科学兴趣和素质的工具。

理解科学能让我们更多地介入我们所处的世界，帮助我们生活得更好、更会提问题、成为更好的世界公民。如果谈论科学就像谈论体育、电影或时事一样，如果人们在餐桌上议论科学就像议论政治一样，那该有多好！而研究人员告诉我们，科学知识丰富的人在管理和政策制定方面会作出多种决定，也会导致参与政治和政治机构的人增多。

关注科学也是关注我们自己、我们的社区以及我们所在的星球。科学素质的提高能让我们为改变世界做出一份贡献。

迪　亚

2006 年 6 月

WHEN SCIENCE CATCHES UP TO SPORTS

生物学问题

尽你所能回答本书提出的各个问题，之后在“答案”部分检查回答得正确与否。这一部分的答案在第 28 页至第 47 页。

1. 科学家根据其相似性和共同起源把生物分为三类，请说出这三类的名字。

2. 作为进化论的观点之一，“适者生存”是由以下哪位科学家提出的？

a）阿尔伯特 · 爱因斯坦　　b）查尔斯 · 达尔文

c）艾萨克 · 牛顿　　d）本杰明 · 班纳克

3. 给下面的动物匹配其所属。

猴子	两栖动物
鬣鳞蜥	鸟类
鸽子	哺乳动物
蜘蛛	昆虫
螃蟹	爬行动物
青蛙	甲壳纲动物
瓢虫	蛛形纲动物

4. 说说哺乳动物的特点。

5. 所有新生哺乳动物第一顿饭吃什么？

6. 冬天里动物睡眠或保持不活跃状态叫作什么？

7. 当今世界上体积最大的动物是什么？

8. 唯一会飞的哺乳动物是什么？

9. 毛毛虫变为蝴蝶这种生物改变形态的过程叫作什么？

10. 在碳循环中，哪种生物能够吸收空气中的二氧化碳——植物还是动物？

11. 说出种子和花粉传播的三种介质。

12. 从枫树中分泌出来用于制作枫树糖浆的液体叫什么?

13. 昆虫有多少条腿?

14. 说出你或你的宠物身上可能有的寄生虫的名字。

15. 说出三种以上体液的名字。

16. 心脏把血液输送到身体的哪两个部位?

17. 人的正常体温是多少?

18. 如果某人的体温异常低，那他可能患有：

a）低温症　　b）高热症

c）精神抑郁症

19. 下面哪个指的是通过加热消灭有害微生物这一过程？

a）巴氏灭菌法　　b）均化作用

c）联合体　　d）液压法

20. 天花、艾滋病及普通感冒都是由什么引起的？

a）细菌　　b）真菌

c）病毒　　d）毒液

21. 科学家说地球上的物种数目正在大量减少，主要原因是什么？

22. 说出公共健康官员预防疾病、促进健康的 4 种方法。

化学问题

（本部分的答案在第 50 页至第 65 页）

23. 水的三种形态是什么？

24. 组成水的两种成分是什么？

25. 烧水时，是在低海拔处容易烧开还是在高海拔处容易烧开？

26. 把两杯糖溶解到一杯热水里，最后却得不到 3 杯糖水，这是为什么？

27. 盐水里含有哪种矿物质？

28. 如果想让稀释后的盐水更浓些，应当：

a）冷却溶液　　b）加盐

c）加水　　d）倒出些溶液

29. 道路结冰时，人们为什么要在路面上撒盐？

30. 维持骨骼强壮最主要的矿物质是什么？

31. 我们测量溶液酸碱度的单位是什么？

32. 卡路里是用来测量什么的？

33. 列出了所有已知元素的表格叫作什么？

34. 钻石是由下列哪种物质组成的：

a）碳　　b）水

c）铁　　d）草酸盐

35. 在室温下，有些元素是气体，有些是液体，但更多的是什么？

36. 加热时，气体体积会发生什么变化？

37. 原子是由质子、中子和什么组成的？

38. 自然界中的金属主要存在于：

a）腐烂的树木中　　b）矿物中

c）表层土里　　d）水里

39. 下面哪种元素不是金属？

a）水银　　b）钠

c）铜　　d）硫

40. 每一种元素都有其原子质量，这一数字表示什么？

41. 用来表示放射性物质中的原子衰变时间的术语是什么？

a）熵　　b）分解

c）惯性　　d）半衰期

42. 火保持燃烧需要什么？

a）油　　b）风

c）纸或木头　　d）氧气

43. 铁在氧气中时间长了会怎样？

44. 把小苏打放在醋里会怎样？

45. 化学变化和物理变化的区别是什么？

物理学问题

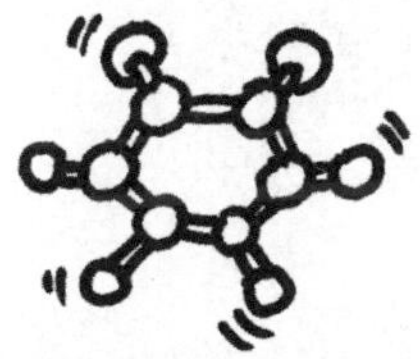

（本部分的答案在第 68 页至第 83 页）

46. 牛顿告诉我们，对每一个力，都会有一个同样大小的什么？

47. 只要物体在动，它就会有能量。这种能量叫什么？

48. 有“永动机”吗？为什么？

49. 在同样的压力下，热空气和冷空气哪个更为密集？

50. 是谁发现了能量（E）、质量（m）和光速（c）之间的关系，并且表达为 $E=mc^2$ 这一方程式的呢？

a）玛丽 · 居里（居里夫人）　　b）路易斯 · 巴斯德

c）阿尔伯特 · 爱因斯坦　　d）艾萨克 · 牛顿

51. 有三种力，虽然作用于物体，但并不会触及物体，这三种力是什么？

52. 使行星围绕太阳运转、使物体落到地上的力是什么？

53. 把红、绿、蓝三种颜色的光投射到同一张白纸上的同一处，你会看到什么颜色？

54. 有几种影像技术，能让你看到仅用眼睛看不到的东西，这几种技术是什么？

55. 怎样制造声震？

56. 为什么在冰上行走和在湿滑的路面上开车那么困难？

57. 我们从许多不同渠道获取能源来制冷、制热或保持机器运转，看看你能说出多少个这样的渠道？

58. 我们打开电灯开关，灯就会亮，为什么？

59. 怎样用柠檬使灯泡亮起来？

60. 用哪种方法能够有效地把电流转化为光而不会产生热？

61. 半导体是如何工作的？

62. 为什么向你开来的救护车和驶离你的救护车声音不同？

63. 如果你用一堆石头来搭一座桥，那桥的形状会是什么样的？

64. 如果你有质量相同的两顶皇冠，一顶是用金子做的，一顶是用金子和银子做的，你能否在不破坏皇冠的情况下区分它们吗？

65. 冷却一瓶苏打水的最快方法是把它放在什么地方？

a）一桶冰里

b）一桶冰水里

c）一桶冷水里

d）外面气温很低时放到门口台阶上

66. 从游泳池边上跳到水里，如果是胸腹先着水会感觉很疼，这是为什么？

67. 贝多芬即使耳朵失聪后仍能作曲，靠的是什么？

地球科学问题

（本部分的答案在第 86 页至第 103 页）

68. 宇航员从外太空回望地球，看到的是一个蓝色的星球。这是为什么？

69. 地球每年围绕下列哪个物体转动一周？

a）太阳　　b）月亮

c）地轴　　d）银河系

70. 阴历的一年比阳历的一年更长还是更短？

71. 太阳是：

a）行星　　b）流星

c）恒星　　d）反射映像

72. 我们的太阳系有多少颗行星？哪颗离太阳最近？

73. 保护我们免受太阳发出的有害的紫外线伤害的那层气体叫什么？

74. 月亮的引力作用会使水体发生变动。这种变动叫什么？

75. 要给地球上的一个地方准确定位，我们需要哪四项尺度？

76. 四个主要方向分别是什么？指南针所指的方向是哪里？

77. 地球的周长是多少？

78. 哪个地方没有陆地只有冰？北极还是南极？

79. 大陆的划分目的是为了区别：

a）昼行动物与夜行动物

b）北半球与南半球

c）河水流入大海的方向

d）下雨的地区和下雪的地区

80. 地球表面大多被什么所覆盖?

a）海洋　　b）冰川

c）沙漠　　d）草原

81. 地球上绝大部分淡水存在于什么地方?

a）湖泊中

b）河流与小溪中

c）水库中

d）两极冰盖中

82. 北半球光照最长的一天是在几月份？南半球呢?

83. 在春季和秋季，分别有一天的白天和黑夜一样长，是哪两天?

84. 为什么日出后一小时比日出时要冷?

85. 天气预报里的“预警”和“警告”有什么不同?

86. 下雨天人们先看到闪电还是先听到雷声?

87. 说出降水的不同方式。

88. 彩虹形成的要素是什么?

89. 飓风和龙卷风有什么区别?

90. 科学家用什么表示地震强度?

一般科学问题

（本部分的答案在第 106 页至第 112 页）

91. 英语单词后缀“ology”是什么意思？

92. 什么是假说？

93. 表示温度的两个基本方法是什么？

94. 一杯水重几磅？

95. 一吨苹果重还是一吨羽毛重?

96. 科学家在做实验时会改变产生某种特定现象的条件，以便观察这种改变所带来的变化。科学家每次会改变几个条件?

97. 在实验室里做实验时，科学家为什么要穿白大褂?

98. 受控组是什么?

99. 双盲安慰剂控制法实验的目的是什么?

100. 说说科学研究的主要动机。

101. 在古希腊，科学家被称为什么?

附加题

（本部分的答案在第 114 页至第 118 页）

生物学

在哺乳动物中，食肉动物占多大比例？

化 学

室温下什么金属呈液态？

物理学

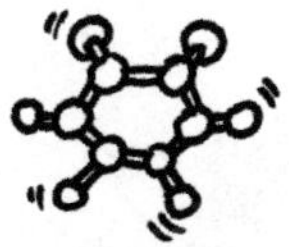

站在镜子前面，镜子需要多高才能让你看到自己的全身?

地球科学

在历史长河中，人类曾为自然资源例如盐、土地、石油等而发动过无数次战争。科学家担心另一种资源会成为下次全球性冲突的原因。这种资源是什么?

一般科学问题

地球上的能量出于何处?

生物学
答 案

家养狗

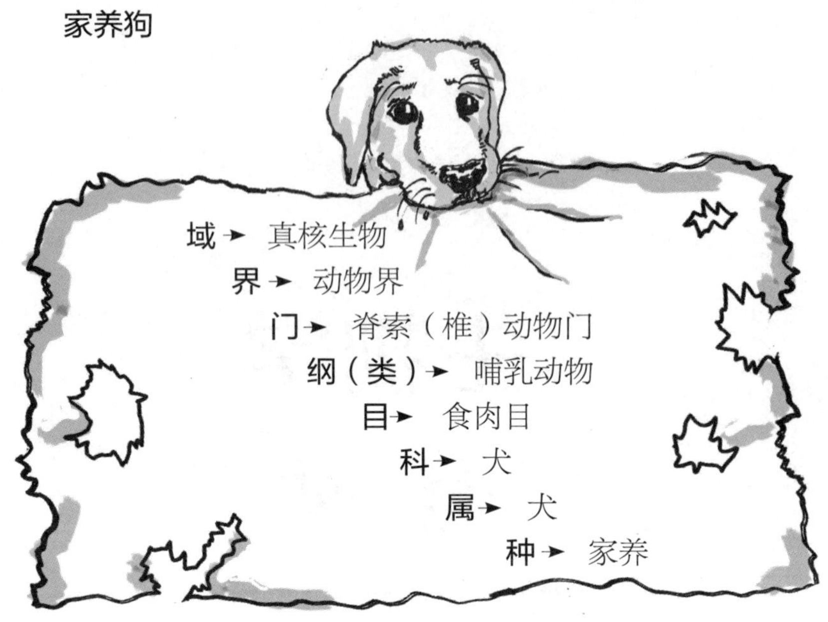

1. 科学家根据其相似性和共同起源把生物分为三类，请说出这三类的名字。

答案：细菌域、古菌域、真核域。

细菌是非常简单的单细胞结构（参见第 20 题）。古菌也是单细胞。它们可以在其他生物无法生存的地方存活，比如热水、盐水或酸性水里（但不是所有古菌都生活在极端条件下）。真核生物包括植物、动物、真菌以及叫作原生生物的微生物。真核生物细胞复杂，每个细胞都包含一个明显的薄膜包裹着的细胞核。

林奈分类系统是由卡尔·林奈在 18 世纪创建的。许多年来，林奈分类系统将生物分为界、门、纲、目、科、属、种。近年来，科学家在界的前面增加了域。这个分类系统是按照生物体的属性和日益精确的定义作出的。通过对每一类别增加使用“亚”

或“总”这两种级别，还可以实现更加精确的分类。

动物分类的一个范例是家养狗。它是真核生物域、动物界、脊索动物门、哺乳动物纲、食肉目、犬科、犬属、家养种。意思就是：家养狗，由有核细胞构成，是一种动物，有神经束（及脊椎），有抚育幼崽的乳腺，有吃肉的牙齿，外形似狗，并且已经驯化。

生物体的学名由两个词组成：属和种，比如狗是犬属，家养种；而人则是人类属，现代人种。这被称作双名法。使用学名有助于使用不同语言的人进行沟通。每个学名都是唯一的并且只针对一个种名。当林奈创建这个分类系统时，他只预料到有 1.5 万种生物需要命名。如今已命名的生物已有 150 万~200 万种，而且每天都在增加。

2. 作为进化论的观点之一，“适者生存”是由以下哪位科学家提出的？

a）阿尔伯特 · 爱因斯坦　　b）查尔斯 · 达尔文

c）艾萨克 · 牛顿　　d）本杰明 · 班纳克

答案：查尔斯·达尔文。查尔斯·达尔文于 19 世纪中叶创建了进化论学说。他的自然选择或者叫“适者生存”的理论是在对许多相同物种之间的差异进行了大量观察的基础上得出的，尤其是对一组雀类的观察。达尔文推论，偶然的变异导致了这样一种情况：同一物种的某些个体能更好地适应环境，也就有更多的机会生存，并且其后代也有相同的变异。达尔文记录了 13 种雀类的各自不同之处：它们都有不同的尖喙，并且行为举止也各不相同。达尔文推论这些雀类都是从一个共同的物种演变而来的。

现代的 DNA 分析已经证明了这一点。

艾萨克·牛顿爵士是英国的物理学家、数学家、天文学家，因提出牛顿三大运动定律而闻名（见第 50 题和第 100 题）。

阿尔伯特·爱因斯坦被认为是史上最伟大的物理学家之一，他提出了相对论（见第 100 题）。

本杰明·班纳克是美国奴隶时期的一个自由黑人，在马里兰州巴尔的摩附近拥有一个农场，他对华盛顿特区的设计提供了帮助，并且制造了美国第一个木制时钟。

3. 给下面的动物匹配其所属。

答案：

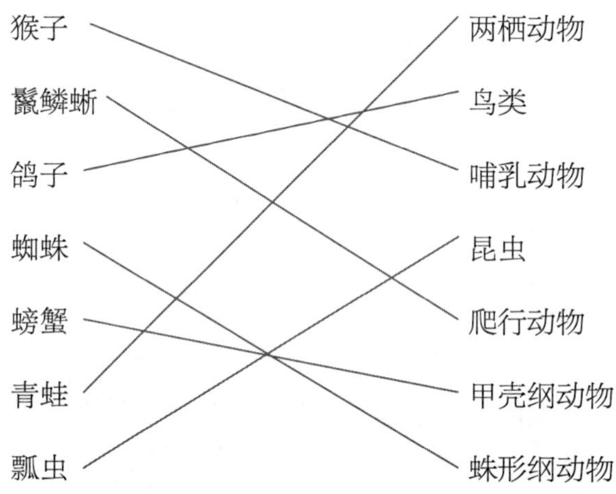

猴子是温血哺乳动物，浑身长满毛发。现在已知大约有 4200 多种生存着的哺乳动物，包括人类、长颈鹿、老鼠和海豚（见第 4 题、第 5 题和第 8 题）。

鬣鳞蜥是冷血的爬行动物，浑身布满鳞片，并且有脊骨。通常爬行动物都产卵，脚趾上有爪子。由于它们是冷血动物，所以需要利用环境来调节体温。现在大约有 6000 种生存着的爬行动物，包括蛇、蜥蜴、龟和短吻鳄。

鸽子是鸟类，是温血、有脊骨的动物，产卵，皮肤长满羽毛，有翅膀。现在存活的鸟类大约有 9000 种，包括蜂鸟、火烈鸟、鸽子以及企鹅。

蜘蛛是蛛形纲动物，有 8 条腿，身体分为两部分（头胸部和腹部），没有触角。蜘蛛与昆虫和甲壳纲动物属同一个门。现存大约有 3.5 万种蜘蛛，包括苔蜘蛛、跳蛛、骆驼蜘蛛以及狼蛛。

螃蟹是甲壳纲动物，有两对触角和一个外骨骼，外骨骼会随着生长而蜕落。它们大都生活在水里，并且产卵。甲壳纲动物是无脊椎动物，就是说它们没有脊骨，用鳃呼吸，是冷血动物。大约有 4.4 万种甲壳纲动物，包括龙虾、小虾和淡水螯虾。

青蛙是两栖、冷血的脊椎动物，产卵，有光滑的皮肤，皮肤上没有鳞、毛发或羽毛。正因为有这样的皮肤，它们才需要在潮湿的环境中生存。现今大约有 5700 种两栖动物，包括蟾蜍、火蜥蜴以及蚓螈（长得像蛇并生活在地里）。

瓢虫属昆虫纲，是冷血的无脊椎动物，有坚硬的外骨骼，腿关节有接缝，环节状的躯体包含头部、胸部和腹部。头部有一对触角、一对复眼、三对单眼和三对嘴。科学家估计昆虫的种类超过 100 万种，包括苍蝇、蜜蜂、蚊子以及蟑螂（见第 13 题）。

4. 说说哺乳动物的特点。

答案：所有哺乳动物都有脊椎骨，是恒温动物，有毛发，出

生时都喝母乳。

所有哺乳动物都是脊椎动物，就是说它们都有脊椎骨，这点与蠕虫或昆虫不同。它们也能保持恒定的体温，所以被称作恒温动物。哺乳动物在一生中的某些时间段长有毛发，而雌性能通过乳腺分泌乳汁喂养幼崽（参见第 5 题）。

哺乳动物有体积较大的大脑及进化的颅骨、复杂的牙齿和三个耳骨。它们的颅骨适合长时间支撑其复杂的咀嚼肌，并能更好地容纳大脑。科学家相信哺乳动物的耳骨（锤骨、砧骨和镫骨）是由不再需要使用的骨头，比如支撑鳃的骨头等进化来的。哺乳动物有三个目：单孔目动物（卵生）、有袋目动物（有袋的哺乳动物）以及胎生动物（占哺乳动物的大多数，包括人类）。

5. 所有新生哺乳动物第一顿饭吃什么？

答案：母乳。

所有雌性哺乳动物都有能分泌乳汁的腺体组织。母乳是刚出生的哺乳动物的全部食品，它含有幼崽生长所需的全部营养物质。不同的哺乳动物有不同的需要，其乳汁组成成分自然也不相同。一头雌鹿分泌的乳汁与一头雌鲸所分泌的乳汁组成成分不同。每种哺乳动物分泌的乳汁，其脂肪、蛋白质、碳水化合物、维生素以及矿物质的组成比例对该物种来说都是最佳的，有助于种族兴盛。乳汁是一种鲜活的生物制剂，它含有激素、生长因子、免疫球蛋白（帮助抵抗疾病的蛋白质）以及抗炎症成分，能刺激和帮助吃奶的幼崽免疫系统的生长和器官的发育（见第 4 题）。

在 19 世纪出现人造奶之前，任何没有食用母乳的哺乳动物幼崽所面临的几乎都是死亡。现在人造奶可以拯救生命，但是医生发现代乳品的营养不如母乳。人类是唯一的在儿童期之后也喝奶的物种，也是唯一的喝其他哺乳动物乳汁的物种。在全球范围，人类从奶牛、山羊、绵羊甚至水牛这些动物那里获得乳汁，并制成奶、奶酪、黄油、酸奶以及冰激凌。

6. 冬天里动物睡眠或保持不活跃状态叫作什么？

答案：冬眠。

冬眠是指许多动物在冬天减少活动的那段时间。新陈代谢率（消耗能量速率）高的小动物，如啮齿目动物、蜂鸟、蝙蝠等，是真正的冬眠动物。当食物难觅、天气变冷时，冬眠动物就会躲藏在安全的地方，通过降低心率来降低它的新陈代谢率。这会导致动物体温低于外界温度，这样它就能依靠体内储存的能量如脂肪来维持生存。如果它的体温降得太低，冬眠动物可能就会消耗更多的能量来把体温回升到一个安全水平。当体内的能量储存不够时，它可能也会“醒”。有些冬眠动物如金花鼠，会在由地道和储藏室组成的地下迷宫里储藏食物，供它们醒来时食用。

其他动物，例如熊，其行为很接近冬眠。它们会在深度睡眠和禁食（不吃东西）的情况下度过冬天的大部分时间。然而，冬眠熊的体温和新陈代谢率只降低很少，在暖和些的日子里，它甚至会醒来，吃点东西，活动一番。

7. 当今世界上体积最大的动物是什么？

答案：蓝鲸。

蓝鲸是有史以来体积最大的动物，其学名是大长须鲸。体长可达 30 多米，重达 136 吨——相当于 1600 个人或 32 头大象的重量，比霸王龙和迷惑龙加起来还大。非洲大象，陆地上体积最大的动物，可以站在蓝鲸的舌头上。

鲸是混血的哺乳动物。每天能为其幼崽产生约 200 升奶水。蓝鲸的迁徙距离很长——在两极水域（它们生活的地方）和较温暖的水域（它们繁殖的地方）之间来回迁徙。它们的日常食物

包括极小的小虾——如磷虾。在夏季喂食季节，一头蓝鲸一天能吃掉 4000 万只磷虾。不幸的是，由于 20 世纪人类对鲸的滥捕滥杀，蓝鲸已濒临灭绝，估计世界上仅存 11000 头蓝鲸了。

8. 唯一会飞的哺乳动物是什么？

答案：蝙蝠。

蝙蝠和人一样也是哺乳动物。有毛，是温血的脊椎动物，通过乳腺产生乳汁喂养幼崽。蝙蝠是唯一真正能飞的哺乳动物。（名字叫“飞松鼠”的动物并不是真的有翅膀，它们只是在跳跃时利用翼状皮肤来滑翔。）

蝙蝠的翅膀与人类手臂和手的骨头构成相同。哺乳动物大约有 4200 种，其中 1000 多种是蝙蝠，这显示了其惊人的多样性。泰国猪鼻蝙蝠的大小只有大个的大黄蜂那么大，是世界上已知最小的哺乳动物。在南美洲发现的三种吸血蝙蝠是仅有的以血液为食的哺乳动物。硕大的飞狐蝙蝠翅膀展开后长约 1.5~1.8 米，是最大的蝙蝠。大多数蝙蝠吃昆虫，但有些蝙蝠吃水果，这对植物种子的散播起到了重要作用。

9. 毛毛虫变为蝴蝶这种生物改变形态的过程叫作什么？

答案：蜕变。

蜕变是指某些动物在其生命过程中外形越来越接近直到完全变成成年状态的过程。最著名的蜕变动物是蝴蝶，先从卵变成毛虫（幼虫）、再变成茧（蛹）、最后变成蝴蝶（成虫）。其他许多动物，如昆虫、青蛙、甲壳纲动物以及一些鱼类也有蜕变过程。

10. 在碳循环中，哪种生物能够吸收空气中的二氧化碳——植物还是动物？

答案：植物。

作为光合作用的第一步，树和其他植物以二氧化碳（来自空气）和水（来自地面或水域）作为反应物质制造氧气。由光合作用产生的糖通过植物细胞的呼吸转换成三磷酸腺苷（ATP），这是所有生命都要使用的“燃料”。光合作用过程的大部分时间都使用水并释放氧气，而氧气毫无疑问是动物生存所必需的。

1780 年，英国著名的化学家约瑟夫・普利斯特里发现植物能“复原因蜡烛燃烧而受损的空气”。他把一株薄荷放在一个倒扣过来的玻璃缸里，再放入水箱中几天。他发现“空气既没有熄灭蜡烛，也没有让我放在里面的老鼠感到不适”。换句话说，他发现植物可以制造氧气。描述这一变化过程的化学方程式给出的是经阳光催化后二氧化碳和水的化学反应，其产物是葡萄糖和被称为“废品”的氧。葡萄糖可以直接用作能量补充，也可以储存起来。而所谓的“废品”氧则被排放到大气中供动植物呼吸。由此，植物提供了人类和其他动物都需要的两种物质——葡萄糖和氧。

11. 说出种子和花粉传播的三种介质。

答案：水、动物和风。

植物的种子通过多种不同方式传播。有些种子可以在风中或水里漂浮多天，到达很远的地方；有些会被动物吃掉，然后沉淀在动物的排泄物中；也有一些会被人们带到新的地方。所有这些传播方式使得植物作为物种得以存活，生长的地域不断扩大，而且减少了与同类植物之间在阳光和养分上的竞争。

有些植物有种荚，成熟了就会爆开，这时种子就会随风飘散。也有些新鲜水果的种子是通过吃水果的鸟儿散播到其他地方了。

授粉指的是植物花粉的传送。最常见的授粉者是飞行的昆虫（为绝大多数开花植物授粉）和风（为许多树、所有的草和针叶林授粉）。但有些爬行和跳跃的昆虫，例如蜗牛、蝙蝠以及灵长目、啮齿目动物和蜂鸟等，有时也会充当授粉者。

12. 从枫树中分泌出来用于制作枫树糖浆的液体叫什么？

答案：树液。

树液是植物中流动的液体。树液流到植物的叶子时会吸收叶中（通过光合作用产生）的糖分。然后树液返流回树身，为树提供营养。枫树与其他许多植物一样，有被称为韧皮的特殊组织，这是树液流动的管道，类似于我们人类的血液循环组织。树液有各种各样的用途：芦荟液可以入药，有些树液可用作甜味剂，还有些树液可用作防水化合物或松脂。椰子树液——也被称为棕榈

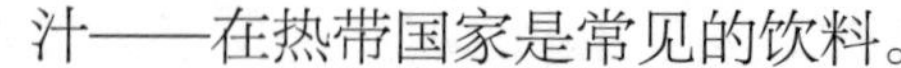

汁——在热带国家是常见的饮料。

另一个用树液加工而成的产品实例是枫树糖浆，通过将略带甜味的枫树树液浓缩加工而成。早春时节，糖农会在树干上钻孔，将金属管紧密贴合着插入孔内，然后在管口用钩子挂上一个收集树液的小桶。桶上有盖，以防止雨雪、灰尘、昆虫或食腐动物掉到桶里。只有树干直径超过 25 厘米且生长状况良好的枫树才能钻孔取液。151 升这种微甜的树液煮沸浓缩后才能生产出 3.8 升纯枫树糖浆。这样的糖浆经进一步煮沸可提炼出枫糖，用于制造美味的糖果。

13. 昆虫有多少条腿?

答案: 6 条。

所有昆虫都有 6 条腿，节肢带有硬壳或称外骨骼，而且都没有脊椎骨。北到北极圈，南到南极洲，全世界各地都有昆虫。昆虫的种类超过 90 万种，远远超过所有其他动物种类的总和。通过化石我们知道，昆虫在 4 亿年前就已经生活在地球上了。有些史前昆虫体积庞大，翅膀展开后有 70 厘米宽。现代昆虫中体积最大的是甲虫。有记录的最重的昆虫是一只怀了孕的沙螽，这是一种罕见的、濒临灭绝的新西兰大蝗虫，重达 71 克（参见第 3 题）。

蝴蝶和飞蛾也是昆虫，它们的翅膀上有细小的、交叠的鳞斑。蝴蝶的翅膀通常色彩艳丽，以便减少被肉食动物攻击的概率。蝴蝶的飞行速度最快可达 19.6 千米 / 时，差不多是人们骑自行车最快的速度。

14. 说出你或你的宠物身上可能有的寄生虫的名字。

答案：跳蚤、蚊子、扁虱、吸血虫、螨虫、白虱、涤虫和犬恶丝虫。

寄生虫是一种依靠其他生物生存的生物，它所依靠的生物被称为宿主。最常见的寄生虫有跳蚤、蚊子、扁虱、吸血虫、螨虫、白虱、涤虫和犬恶丝虫。寄生虫并不总是伤害其宿主，但也绝不会对宿主有益。几乎所有活着的动物都会在某个时候被寄生虫当作宿主。

寄生虫存在于整个自然界中，依靠从宿主身上获取营养而生存。有些寄生虫如扁虱、跳蚤和吸血虫，寄生在宿主体外吸取宿主的血液；也有些寄生虫寄生在宿主体内，依靠宿主消化过的食物生存。寄生虫在我们的生活中到处都有，给各种各样的生物带来影响。例如，蚜虫大量滋生于玫瑰丛中，马蝇叮咬动物吸血，肝吸虫寄生在宿主肝内以胆汁为食，等等。

15. 说出三种以上体液的名字。

答案：血液、汗液、唾液（或痰液）、泪液、乳汁、精液、尿液、黏液、淋巴液、血浆、血清和消化液。

人体的主要成分是水。我们的身体用水制造了各种不同的液体，使我们的身体正常运转。腺体是身体中通过管网制造和释放化学物质的器官，腺体制造出汗液、唾液、泪液和乳汁。血液包括两种液体，并且携带激素、营养、抗感染细胞和氧。血浆是血液中的液体成分，血清是在血液凝结后仍可保留的富蛋白液。淋巴液是一种奶状液体，含有淋巴细胞，是一种白细胞。淋巴细胞在人体免疫系统中起着重要作用：它滤出并消灭毒素和细菌。成年男子的再生系统都会产生精液，其中含有繁衍所需的精子。我们的肾处理尿液，载着废弃物排出体外。黏液是由鼻腔和咽喉深处特殊组织产生的浓稠分泌液。

16. 心脏把血液输送到身体的哪两个部位？

答案：静脉和动脉。

心脏是肌肉型器官，将血液泵入静脉和动脉，这样就形成了循环系统。人从出生直到死亡，心脏必须不断地做功。根据平均

人类的心脏

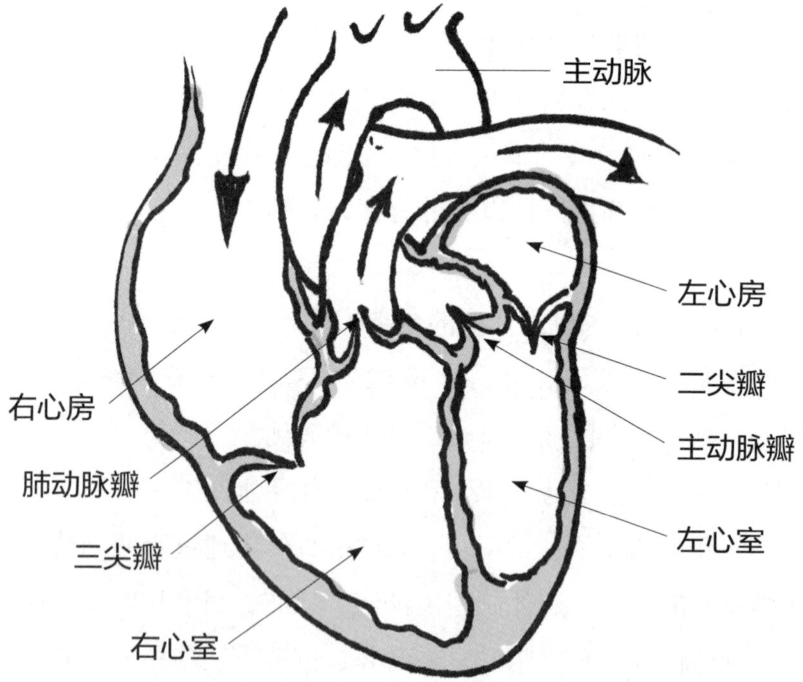

寿命计算，人的一生中心脏会跳动 25 亿次以上，其中没有任何停顿。血液从心脏流出，经过血管，将必需的营养送到全身，同时带走有害的废弃物。静脉中有一系列避免血液倒流的阀门，同时重力也被用于促进血液流动，以防心脏跳动减弱时血液停滞。没有血液，人体将停止运行。

心脏分为两个腔：左心腔将血液泵至全身，右心腔仅将血液泵到肺部。左右心腔又各分为两个部分：上半部叫心房，下半部叫心室。红色的含氧血液从心脏出发，流经肌肉中的动脉血管，并通过动脉流到身体的各个组织和器官。氧随之释放给身体各组织，而二氧化碳则进入血液，无氧的血液（呈蓝色）通过静脉流回心脏。从身体流回心脏的血液经静脉流到心脏外耳室即心房，从肺部获得氧气后，再次流向全身，从而开始又一轮的循环。

17. 人的正常体温是多少？

答案：37℃。

人体的正常体温大约为 37℃。体温为 36.4~37.2℃均被认为是正常体温。人类与其他哺乳动物和鸟类一样，是恒温动物，又

称温血动物。这类动物通过身体的加热或冷却过程来保持体温的恒定，例如通过增加饮食和脂肪贮存提供热能，通过排汗或喘气降温等。降温动物，又称冷血动物，则主要通过环境，例如在阳光下或阴凉处来升高或降低其体温。

18. 如果某人的体温异常低，那他可能患有：

☞ a）低温症　　b）高热症　　c）精神抑郁症

当人的基础体温低于正常水平时，就会出现低体温；严格的低体温值设定在 33.3℃。30~37℃时，人体将经受剧烈的哆嗦颤抖、瞳孔扩张、肌肉僵硬。在 30℃时，人体处于一种叫作“新陈代谢冰柜”的状态，这时会出现冰冷和死亡症状，但实际上他还活着。人体在水里的热量损失速度比在空气中快 30 倍，所以寒冷天气里航船事故会更加危险。如果发生这种事故，离开水（爬到翻倒的船上或碎片上）是非常重要的，而不要趴在船边泡在水里。因为人体在水里散失热量非常快，尽可能快地离开水非常重要。

体温过高是指体温超过 37℃。最普通的两种体温过高是热衰竭和中暑。

体温异常是一种带有诸如身体颤栗症状的机能失调，就像那些癫痫病患者的遭遇一样。

19. 下面哪个指的是通过加热消灭有害微生物这一过程？

☞ a）巴氏灭菌法　　b）均化作用

c）联合体　　d）液压法

巴氏灭菌法是给牛奶、果汁、蜂蜜、蛋、葡萄酒甚至奶酪等液体消毒，以杀死诸如酵母菌、霉菌、细菌、致病微生物等有害生物的方法。路易斯·巴斯德提出了这一理论，认为可以通过杀死容易腐败的产品中已有的微生物来预防这些产品变质，并保护已消毒材料不被进一步污染。19 世纪 60 年代，巴斯德将这个理论应用于饮料和食品的防腐保存，建立了现在被称为巴氏灭菌法的热处理技术。用巴氏灭菌法给牛奶杀菌时，要加热到 71℃ 15 秒或 63℃ 30 分钟，然后迅速冷却到 10℃以下。

均质化是使混合物性状均一的方法。牛奶的均质化法就是使加热了的牛奶在高压下通过许多细小的喷嘴喷出来。这可使得牛奶中的脂肪球变得极小（大约 1μm），并能均匀地分布在整个奶液里。

联合体（辛迪加）是指企业之间通过合约形成组织，统一彩购原料和销售商品。例如在新闻和娱乐业，某公司通过收购新闻、电视节目、连环漫画或其他专题影片等，使它们在众多的经销渠道同时出售的过程。

液压法是利用液体产生压力，使压力朝许多方向传输到很远的距离，有很多实际应用。比如汽车刹车，就是利用液压原理，将作用在刹车踏板上的压力传导至整个刹车系统。

20. 天花、艾滋病及普通感冒都是由什么引起的？

a）细菌　　b）真菌

☞ c）病毒　　d）毒液

答案：病毒比细菌小很多，它们几乎会感染所有的生命体，包括植物、动物甚至细菌。病毒是由蛋白质外膜包裹着的基因物质（DNA 或 RNA）构成的。DNA 是脱氧核糖核酸，一种包含基因指令的核酸，这些基因指令决定了生命体（以及很多病毒）所有细胞的生物进化特性；RNA（核糖核酸）类似于DNA，不同的是，它几乎总是一种带有较短化学复合链的单链分子。

病毒侵入并感染活着的细胞，常常损害或杀死它们，也能导致疾病。由病毒引起的疾病包括水痘（由水痘——带状疱疹病毒引起）、艾滋病（由HIV引起，即艾滋病病毒）以及普通感冒等。病毒需要一个宿主，这个宿主为其提供生存和繁殖所需的所有化学物质和分子。

由病毒引起的疾病没有药物能够治愈。最有效的治疗手段也只是消除症状。通过注射疫苗来预防感染是目前最好的医疗选择。

细菌是单细胞生物，存在于地球上几乎任何环境中，包括人体内。有些细菌是有益的，起着诸如帮助消化的作用；有些则是有害的，会让人不舒服或生病。

真菌是从外部环境诸如土壤、腐烂的物质或活着的植物中获取生存能量的生物体。有些真菌是有益的，可以用来制作食物、药物和抗生素（如青霉素）；有些真菌则是有毒或有害的。

毒液是动物产生的毒药（有毒液体），可以经由动物的蜇咬来打败敌人或捕获猎物。

21. 科学家说地球上的物种数目正在大量减少，主要原因是什么？

答案：对栖息地的破坏。

危及地球上许多动植物物种生存的主要因素是人类对这些物种的家园或栖息地的破坏。人类的数量正在以惊人的速度增加。

1800 年，地球上的人口有 9.8 亿；到了 1900 年，已经上升到 16.75 亿；现在已经超过 70 亿了。随着人口的增加，我们对诸如生存空间、食物以及燃料等资源的需求也在增加，人类已经开始把家搬到以前从未居住过的地方去了。

遭到破坏最为严重的是雨林。作为地球上大量物种的家，雨林正在以惊人的速度被破坏，成为人们居住、种植和商业开发的地方。任何一个物种的毁灭都会对与它相关的许多其他物种产生极端影响。例如，如果雨林中的一种蛙彻底灭绝了会怎样呢？所有以这种蛙为食物的动物就会遭殃了，因为它们最重要的食物来源已经没了。

人类危及动植物及其栖息地的方式还包括污染、猎杀、采集和交易动植物、引进缺少食物链上层动物或控制物种的非本土物种等。

22. 说出公共健康官员预防疾病、促进健康的 4 种方法。

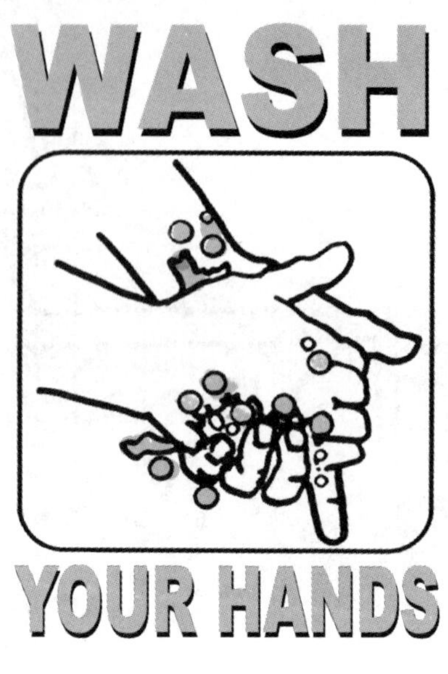

答案：公共健康部门致力于确保人们接受高质量的健康保护，并生活在安全和健康的环境里。他们开展研究，并将研究成果应用于疾病控制。他们与诊所、医院、其他卫生机构以及制药厂建立伙伴关系，以最大限度地提供负担得起的、高质量的健康保护。公共健康专家的主要工作领域包括在教育、预防、档案保存以及疾病控制。

公共健康领域的许多工作已经在预防疾病和促进健康方面起到了作用，包括：

营养学

· 把维生素 D 加入奶中，预防软骨病

· 把叶酸加入面制品中，预防脊柱裂

· 把碘加入精制食盐中，预防甲状腺肿

疾病预防

· 加强清洁水管控

· 建立接种疫苗制度

· 消灭饮食行业和城市里的老鼠、蟑螂等

· 展开疾病的流行病学研究以便预防

教育

· 禁止抽烟、不要食用未经烹调的肉和蛋以及滥用抗生素等

· 提倡母乳喂养、使用儿童安全座椅、骑 / 乘摩托车时戴头盔、禁止未成年人驾车以及勤洗手

流行病学

· 调查突发疾病

· 预测将出现的疾病

· 实施预防措施

化学答案

23. 水的三种形态是什么?

答案：液态、固态和气态。

水以三种形态存在。在日常生活中，我们使用得最多的是液态水，如饮用水、洗涤用水和烹调用水。液体的形状不固定，但它们会维持相同的体积。人类身体的 70% 是液态水。冰、雪和霜是冻结的水。水的冻结温度——水变为固态的最高温度是 0℃。

水蒸气就是水的气体形态。除非重新变为液态或者固态，否则它是看不见的。水从水体以及从植物和动物的呼吸中蒸发到空气中。水蒸气是地球热量的一个重要调节者。如果没有它和其他被称作温室气体的物质，我们的行星就会变得白天很热，晚上很冷。气体没有固定的形状，也不能维持固定的体积。比如，如果你从一个喷壶中倒一升水到一个水桶里，水的体积还是一升。如果你将一升水蒸气放到一个两升的瓶子里，它就会分散开来并充满整个瓶子。在海平面的高度，水的汽化温度是 100℃。

24. 组成水的两种成分是什么?

答案：氢和氧。

水分子由两个氢原子和一个氧原子组成，其化学分子式是 H_2O。液态水和固态水——包括海洋、湖泊、河流以及冰川——覆盖了地球 71% 的表面，使地球成为独一无二的行星。就是这些丰富的水使地球上生命的存在成为可能，但这也必须保持一个微妙的平衡。如果水太多了，就会泛滥成灾；而如果太少，干旱就会使许多植物难以甚至无法生存。

生物体（从细菌到人类）体重的 50%~90% 由水组成，而且水也是这些生物体内细胞活动不可缺少的物质。比如，对于人类来说，几个星期不吃东西仍可以生存，但是仅仅几天不喝水，就会死亡（参见第 81 题和地球科学附加题）。

25. 烧水时，是在低海拔处容易烧开还是在高海拔处容易烧开?

答案：在低海拔处。

在较高海拔处（例如美国科罗拉多州的丹佛市），水的沸点降低，因此水就会更快沸腾。这是因为随着所在海拔高度的增加，大气压力逐渐降低。要达到沸腾，液体的蒸汽压力就必须等于它周围空气的蒸汽压力（大气压）。由于大气压力在较高海拔处偏低，水被加热到大气压力就较快（而且此时温度也较低），因此就会比在低海拔处更快沸腾。这也就意味着有些食物在较高海拔处确实需要烹调更长时间。烹调前最好检查食品标签，看看是否有高海拔烹调的特别说明。

26. 把两杯糖溶解到一杯热水里，最后却得不到 3 杯糖水，这是为什么?

答案：因为糖溶解了。

当将糖（蔗糖——$C_{12}H_{22}O_{11}$——12 个碳原子、22 个氢原

子以及 11 个氧原子）倒入热水中时，发生了溶解。糖作为溶质，溶化到了水（即溶剂）中。它们没有发生化学反应，糖和水仍然独立存在着，但是水使糖（分子固体）分离成单个的糖分子。这些分子在水的分子间“安身”而不改变水的体积。一旦水与糖分子达到饱和状态，多余的糖就会沉淀在容器的底部，从而使总的体积增大。

27. 盐水里含有哪种矿物质？

答案：盐。

矿物质（比如盐）是通过地质作用形成的天然复合物。盐是用来描述一些物质的术语，也包括含盐的溶液。盐的化学名称是氯化钠。海洋就是巨大的盐溶液，含有 3.5% 的盐。在某些河流、湖泊和海里（例如死海和大盐湖）也发现有盐。还有些天然的盐床被认为是由古老的海的盐水蒸发而来的。盐的制造商既可以从这些盐床获得盐，也可以通过蒸发海水获得盐。自古以来，人们就把盐当作一种调味品和保存食物的必需品，甚至于被希伯来人和其他社会群体以盐饼的形式当作货币来使用。在基督教圣经中就提到了盐和它的价值（例如“与他的盐价值相称的人”）。在罗马时代，盐是重要的贸易商品，同时也是重要的货币。罗马士兵的一部分薪水是用盐来支付的，人们也会用盐来擦拭新出生的婴儿来促进健康。当用“地球上的盐”这句话来形容人时，就是说他们是宝贵的，有价值的。在冷藏出现以前，把盐擦抹到肉上是唯一的保存肉的方法。盐是非常好的清洁剂，能够驱赶蚂蚁，还是有效的防腐剂，并且也用于皮肤治疗。

盐溶解于水后的溶液被称作电解液。电解液和融化的盐都能导电。电解液还能帮助肾脏保持合适的体液水平，并帮助平衡我们体内酸和碱的含量，还能帮助我们体内的细胞维持合适的“电压”，这样神经细胞就能通过电信号互相沟通了。含有钠和钾盐的电解质饮料用于补充人体失水后体内的水分和电解质水平。运动、腹泻、呕吐、饥饿或外科手术等都可能引起过度的失水并导致脱水。

28. 如果想让稀释后的盐水更浓些，应当：

a）冷却溶液　　b）加盐 ☜

c）加水　　d）倒出些溶液

答案：为了使盐水溶液变浓，必须加入更多的盐。冷却是不能使盐水变浓的，而加水则只会稀释溶液，减少含盐量。倒掉一些溶液不会改变浓度，只是减少了体积。

增加浓度的另外一个办法是让溶液蒸发掉一些。通过缓慢加热溶液，然后再使它冷却，就可以做到这点。加热能加快蒸发速度，使留下的水分减少，而盐的数量不变。然而，提高浓度最快的方法仍是加入更多的盐。

29. 道路结冰时，人们为什么要在路面上撒盐？

答案：盐能降低水的冻结温度。

当盐在结冰的路面上扩散时，它能降低水变成冰的温度。撒到路面上的盐，溶解在混合于固体冰中的水里，降低了水的凝固温度，并融化周围的冰。除非空气变得更冷，否则这些水就不会再结冰（参见第 27 题）。

对冬季的旅行者来说，在雪或冰雹即将来袭时，预防性地在路面上撒盐，以及在暴风雪期间和过后在路面上撒盐，有助于保持道路的安全。然而，盐会导致金属腐蚀、生锈，损坏车辆和其他金属物体。它也会从路面流失到土壤和植物中，还会使狗爪产生烧灼感。现在已经有了盐的替代物，但是很多要么太贵，要么效果不好。沙子经常用来取代盐，虽然它不能像盐那样融化冰，但它比盐的颜色深，能吸收阳光，同时也能增加摩擦力。

30. 维持骨骼强壮最主要的矿物质是什么？

答案：钙。

钙是人体用来保持牙齿和骨骼强壮、维持健康的主要矿物质，但它并非单独起作用；其他营养物质如维生素 D 和磷也参与了这个过程。事实上，要完全吸收钙，人体需要一定量的维生素 D。

肌肉收缩和血液凝固等都需要钙。当血液中没有身体所需的足够的钙时，身体就会阻止骨骼获得钙。这就是为什么钙在我们日常饮食中如此重要的一个原因。钙的较好的来源是乳制品，如牛奶、奶酪和酸奶。同时，叶类蔬菜、鱼以及钙强化食品如橙汁，也是很好的钙源。

31. 我们测量溶液酸碱度的单位是什么?

答案：pH 值。

缩写词 pH 代表了潜在的氢。我们用 pH 值来测量溶液的碱性或酸性——它们呈碱性或酸性的程度。酸有酸味（注意绝对不要去尝强酸或浓酸）；碱带有一点苦味（重申：不要去尝它们），并且它在你的手指间会有滑溜溜的感觉。酸和碱都是电解液。

pH 值代表着测量溶液里所含带正电荷的氢离子的浓度，并将它们分成从 0 到 14 的值。值低于 7 时被认为是酸，值高于 7 时被认为是碱。纯净水的 pH 值为 7，既不是酸也不是碱。从厨房的水龙头里流出来的自来水的 pH 值为 6.5~7.5，这取决于水中溶解的矿物质。胃里酸液的 pH 值大约是 2.0（非常酸），而家用氨水的 pH 值大约是 11.9（碱）。

32. 卡路里是用来测量什么的?

答案：能量。

我们用卡路里来测量热量或能量。科学家把 1 小卡或克卡（c）规定为其所含热量能使 1 克水的温度升高 1℃。1 大卡或千卡（C）等于 1000 小卡，用来测量我们吃的食物所产生的能量。我们消耗的某些东西不含卡路里，如水、咖啡或人为制作的甜饮料等，这些并不能提供给我们能量——虽然咖啡和某些日常饮用的汽水里含有咖啡因，会让我们产生有能量的错觉。其他食品，比如蛋糕和炸面圈，卡路里很高，但提供的能量很少，因为它们的营养成分很低。这些被认为是无效卡路里（又称空卡路里）。我们吃进的超过我们日常活动需要的额外的卡路里，会以脂肪的形式储存在我们体内。

元素周期表

	IA	IIA	IIIB	IVB	VB	VIB	VIIB	——	VII	——	IB	IIB	IIIA	IVA	VA	VIA	VIIA	O
1	1 H																	2 He
2	3 Li	4 Be											5 B	6 C	7 N	8 O	9 F	10 Ne
3	11 Na	12 Mg											13 Al	14 Si	15 P	16 S	17 Cl	18 Ar
4	19 K	20 Ca	21 Sc	22 Ti	23 V	24 Cr	25 Mn	26 Fe	27 Co	28 Ni	29 Cu	30 Zn	31 Ga	32 Ge	33 As	34 Se	35 Br	36 Kr
5	37 Rb	38 Sr	39 Y	40 Zr	41 Nb	42 Mo	43 Tc	44 Ru	45 Rh	46 Pd	47 Ag	48 Cd	49 In	50 Sn	51 Sb	52 Te	53 I	54 Xe
6	55 Cs	56 Ba	57 *La	72 Hf	73 Ta	74 W	75 Re	76 Os	77 Ir	78 Pt	79 Au	80 Hg	81 Tl	82 Pb	83 Bi	84 Po	85 At	86 Rn
7	87 Fr	88 Ra	89 +Ac	104 Rf	105 Ha	106 Sg	107 Ns	108 Hs	109 Mt	110 110	111 111	112 112	113 113					

* 镧系	58 Ce	59 Pr	60 Nd	61 Pm	62 Sm	63 Eu	64 Gd	65 Tb	66 Dy	67 Ho	68 Er	69 Tm	70 Yb	71 Lu
+ 锕系	90 Th	91 Pa	92 U	93 Np	94 Pu	95 Am	96 Cm	97 Bk	98 Cf	99 Es	100 Fm	101 Md	102 No	103 Lr

33. 列出了所有已知元素的表格叫作什么？

答案：元素周期表。

元素是最基本的化学物质，不能够被化学反应再进一步分割。复合物和物质都是由元素构成的。元素周期表按照元素的属性将元素分组，并按照它们的原子序数或者它们的原子核中质子的数量来排列。它帮助我们按元素的属性了解元素。元素还按照它们的其他属性分组，如它们是不是惰性气体或是不是金属。金和银二者都被认为是过渡金属，并与其他元素诸如钴和镍等分在一组。现代的元素周期表是由德米特里·伊万诺维奇·门捷列夫在 1864 年整理发表的。但元素周期表一直在发展和改变，因为科学家在不断尝试着发现新元素（参见第 37 题和第 40 题）。

34. 钻石是由下列哪种物质组成的？

a）碳　　b）水

c）铁　　d）草酸盐

答案：钻石是碳的一种形式，是超联结碳原子的透明晶体，因为它们可用于珠宝首饰中以及在工业用途中的硬度而价值不菲。许多钻石是从火山岩管（火山构造的较深部分）中开采出来的。在这里，强烈的压力和高温适合钻石的形成。钻石有可能会从它们的形成区域随着熔岩流和其他火山活动喷射出来。

钻石是有名的最坚硬的天然物质，这是因为它们是由稳定的、互锁的金字塔形碳原子构成的。金字塔形是自然界中最坚固的结构之一，它决定了钻石的硬度和坚不可摧。它们的结构（尤其是被切割成多面体宝石时）最适合于将可见光散射成光的各种组成色。钻石的闪烁和光泽使它们成为最有价值的珠宝。钻石通常也用来制作切割和钻孔用的刀片。

水由氢和氧原子构成，不含碳（见地球科学附加题）。

铁是较重的金属元素，用于建筑、工具以及武器装备。

草酸盐类是在某些植物食品中发现的有机（或含碳的）化学药品，能与钙结合形成草酸钙，是人体不需要的、有轻微毒性的化学药品。

35. 在室温下，有些元素是气体，有些是液体，但更多的是什么？

答案：固体。

在室温和室压下，几乎所有的元素都是固体，只有两种是液体（汞和溴）。有 11 种元素是气体：惰性气体（氦、氖、氩、氪、氙、氡），氢、氧、氮、氟、氯。其他所有的都是固体，包括金属（比如铁、锌、镍和铂）以及非金属（比如硫和碘）（参见第 39 题）。

36. 加热时，气体体积会发生什么变化？

答案：会扩大。

对学物理的学生来说，温度对分子运动的影响是最重要的概念之一。气体独特的特性就是它的分子不会以任何方式互相依附，每个分子都能自由移动。典型的气体分子移动的速度是每小时数百千米。与分子本身的大小相比分子之间的距离是非常巨大的。气体的另两个关键特性是它没有确定的体积和确定的形状。用容器装气体时，气体会占据整个容器，体积与形状会变得与容器一样；如果气体不装在容器里，就会扩散到任何它能到达的地方。

加热气体会引起气体热膨胀，也就是说，分子移动得更快和更分散。有个模仿气体颗粒热运动的实验，能够帮助理解其所含的能量：把一些小石头放在一个有盖子的罐头盒里，把盖子盖上并晃动罐头盒，你能感到和听到石头在罐头盒里晃动，敲击罐头盒的周壁。如果你非常用力地摇动，石头会把盖子撞开并冲出来。密闭容器里气体颗粒的运动与这些石头的运动相似。如果你加热气体颗粒，它们的运动会更快并能使密闭容器爆裂。因此，加热装在密闭容器里的液体和气体非常危险。

37. 原子是由质子、中子和什么组成的？

答案：电子。

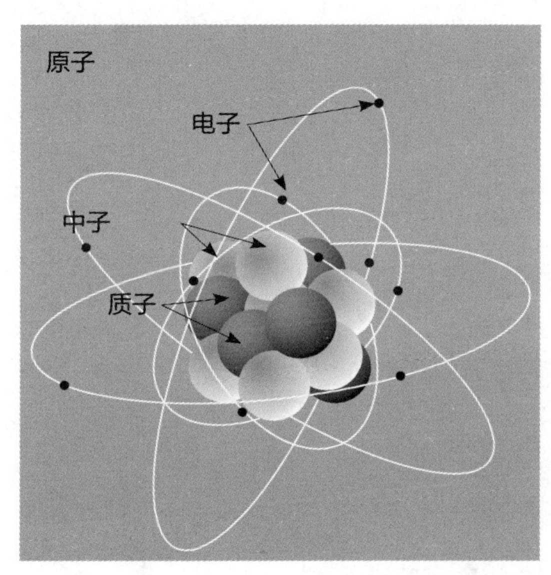

原子是所有物质（包括分子）的基础材料，是一个元素能够被分割的最小单位，由小于原子的微粒，包括质子、电子和中子构成。原子的中央是原子核，通常有一个或多个负极性的电子环绕着它，按轨道运动。原子核是正极性的，包含一个或多个相对较重的微粒，即质子和中子。质子是正极性的，而中子没有极性。一个原子的原子核中质子的数量决定了这个元素的原子序数，在元素周期表中查找元素时就能发现这个序号（参见第 33 题和第 40 题）。

38. 自然界中的金属主要存在于：

a）腐烂的树木中　　b）矿物中 ☜

c）表层土里　　d）水里

答案：元素周期表中大约有 75% 是由不同的金属组成的。

常温下，大部分金属是固体。金属是热和电的良导体并且非常活跃，而且它们通常是不透明的（即你不能透过它们看见其他东西）。天然的金属经常以矿的形式被人们发现，这些矿就是含有金属的矿物或岩石。人们开采出有价值的矿，如铁、银、金矿等，之后其他金属也根据人们的目的被提炼出来。

早在公元前1100年前，人类就开始使用金属。这个事实是基于对塞浦路斯一个铜矿遗址中的青铜和铁等史前古器物进行年代鉴定得出的。公元前600年中国已掌握了冶铁技术，虽然在此之前铁就已经被使用了，但没有人能制造所需的高温去融化它。通过使用木炭，中国人成功地融化了铁，并使用模具进行铸造，制作出了工具、容器和工艺品。今天，从建筑、桥梁到电子和普通工具如锤子，到处都要用到金属。

39. 下面哪种元素不是金属？

a）水银　　b）钠

c）铜　　d）硫

答案：硫不是金属。它是一种由 16 个中子、16 个电子和 16 个质子组成的化学元素，原子序数是 16。元素周期表的 14 到 16 分组是非金属。化学元素例如硫，导电和导热性能都不是很好。相对于金属，非金属元素非常易碎，不能卷成绳线或敲打成薄片。除惰性气体外，有 7 种非金属元素：氢、氧、碳、氮、磷、硫、硒。这些元素在室温下以物质三态中的两种状态存在：气态（如氧）和固态（如碳）。硫没有金属光泽，且不反射光线。

汞是常温下唯一呈液态的金属。汞有时又被叫作水银，它是一种较重的银白色的液体金属，曾一度用在温度计、恒温调节器以及牙科填充物中。它的原子序数是 80（参见化学部分附加问题）。

钠常常让人联想到营养学。它最常见的化合物是氯化钠，其通俗的称谓是盐，是生活中的必需品。它的原子序数是 11。被归到金属类是因为它导电，而且与所有金属一样具有金属光泽。

铜是一种重要的金属。它具有延展性，是热和电的良导体（导电率位居第二，仅次于银）。它的合金——黄铜和青铜，也非常有用。它的原子序数是 29。

40. 每一种元素都有其原子质量，这一数字表示什么？

答案：一个元素的平均质量。

一个原子的质量用原子质量单位（amu）来表示，大约等于该元素的质子数量加中子数量。这是因为一个原子中质子和中子具有相对而言相等的质量。一个电子的质量是微不足道的，因此不需要计入。在元素周期表中，每一个元素都占有一个小方块，元素的原子质量就标注在这个小方块中元素特有的符号下边（参见第33题和第37题）。

41. 用来表示放射性物质中的原子衰变时间的术语是什么？

a）熵　　　　b）分解

c）惯性　　　d）半衰期

答案：半衰期是指放射性物质中一半的原子瓦解或衰减所需的时间。在这个化学分解过程中，一种物质裂解成两个或多个单一的物质。然而，一半材料在一个半衰期中衰减了，并不表示全部材料在两个半衰期里就都衰减完。对每一种特殊物质，这个时间是不同的。科学家通过多年的实验来判定半衰期。了解某些物质的半衰期，可以帮助我们判定如何安全地储存核废料这些产品。

放射性衰减也用于碳测定年代。所有的天然材料都含有碳-14，普通碳元素的一种放射性类别。它按照一个已知的速率衰减，因此通过确定碳-14（^{14}C）的含量，科学家就能判定物体的年龄了。埃及木乃伊、沉船以及古老的史前古器物，都是用这种技术来鉴定年代的。

熵是材料领域里用来测量一个过程中能量分散的方法。

分解是指某物质分化成更小的部分。

惯性是物体改变它的运动状态时的阻力（参见第46题）。

42. 火保持燃烧需要什么？

a）油　　　　b）风

c）纸或木头　　d）氧气

答案：燃烧是牵涉到热、燃料和氧气的一种化学连锁反应。

如果缺少这三个要素中的任何一个，火就不能继续燃烧了。火消耗氧气，使它与燃料中的元素（通常是碳）结合，产生危险的烟气（如二氧化碳或一氧化碳），而且有时候对人体相当有害。消防队员通常用水来灭火，但另一个办法是让火与氧气隔绝。

虽然火和烟气有危险，但在可控的情况下，二者对人类都有用处。通过其他东西的帮助，人类已经使用火来照明、烹饪、取暖以及制造武器和工具。印第安人彼此之间利用烟向远距离的同伴传递信号。火常常被誉为是人类文明发展中不可或缺的因素。

43. 铁在氧气中时间长了会怎样？

答案：会生锈。

锈是对一个非常常见的化合物——氧化铁的通俗称呼。铁（化学符号是 Fe）要变成氧化铁，需要三个条件：铁、水和氧气。氧化铁（Fe_2O_3）非常常见，因为铁很容易与氧气结合（太容易了，以至于实际上纯铁在自然界中非常罕见）。铁或钢的生锈是一个腐蚀的例子，是一个电化学过程。水加快了这个过程，因为它形成了氢氧离子。当铁严重锈蚀时，它就瓦解破碎了。

为了防止铁生锈（或者说铁的氧化），可以涂防锈涂层——这在旧金山的金门大桥上到处可见。其他方法还有：在铁里添加镍和铬，使原子结合在一起，防止生锈。

44. 把小苏打放在醋里会怎样？

答案：会起泡。

把酸和碱混合在一起会产生强烈的反应。试验这种反应的一个安全方法是：将一茶匙醋放进一个大茶杯中，然后加入少量碳酸氢钠，这时醋就会产生气泡，因为醋和碳酸氢钠在发生反应。这是因为醋是一种酸，而碳酸氢钠是碱，因此它们发生中和反应，产生盐、水和二氧化碳气体。二氧化碳气体就是醋里产生的泡泡。

人们常把这种混合物当作简单、无毒的下水道清洁剂，进行下水道清淤。把混合物倒入下水道，用塞子盖住管口，产生的气体就会迫使颗粒物掉落。

45. 化学变化和物理变化的区别是什么?

答案：化学变化是指有化学键改变的变化，化学键即保持分子里的原子结合在一起的键。以下是一些例子：

· 铁生锈（生成氧化铁）；

· 汽油燃烧（生成水蒸气、二氧化碳以及污染物）；

· 烹饪鸡蛋（液体蛋白质分子伸展和交联，产生一系列变化）；

· 面包膨大（酵母粉作用于碳水化合物，生成二氧化碳）；

· 牛奶发酵（产生酸味的乳酸）；

· 晒太阳使皮肤变成褐色（产生了维生素 D 和黑色素）。

物理变化会使分子重新排列，但不会影响其内部结构。以下是物理变化的一些例子：

· 搅拌蛋清（迫使空气进入液体，但没有新物质生成）；

· 磁化罗盘指针（铁原子重新排列，但铁原子内部并没有真的发生变化）；

· 烧开水（当液体变成蒸汽时，水分子彼此被迫分开，但其化学分子式 H_2O 没有改变）；

· 糖溶解于水（糖分子分散至水分子之间，但单个糖分子没有改变）。

物理学
答案

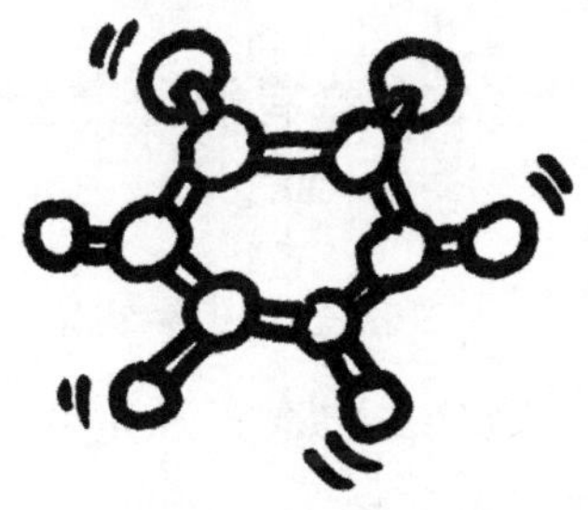

46. 牛顿告诉我们，对每一个力，都会有一个同样大小的什么？

答案：反作用力。

牛顿第三定律中说：对每一个力，都有一个大小相等、方向相反的反作用力。当一个物体对另外一个物体施力时，第二个物体就会对第一个物体产生一个反作用力。这一反作用力总是和施力大小相等而方向相反。比如说，如果你用棒球棍击打棒球，在击球的瞬间，球棍对棒球产生一个作用力。同时，棒球也对球棒产生一个大小相等但方向相反的作用力。同样的原理也适用于足球比赛（一名足球运动员可能在踢球之后失去平衡）和交通事故（例如一辆车撞上另一辆车或物体）。（想了解更多关于牛顿的信息，请参阅第 2 题和第 50 题。）

47. 只要物体在动，它就会有能量。这种能量叫什么？

答案：动能。

物体由于运动而具有的能量叫作动能（k）。动能的大小取决于一个物体由静止变为运动或者从运动变为静止时需要做的功。一个物体的质量（m）越大，速度（v）越快，它所具有的动能越大。我们用 $k=1/2mv^2$ 这一公式来计算物体的动能。也就是说，一个物体具有的动能等于它质量的 1/2 乘以它速度的平方。

48. 有“永动机”吗？为什么？

答案：没有。

没有一个机器能在没有外部能量来源的情况下自己运行。多年来，许多人都尝试过制造“永动机”，但至今也无人成功。甚至连达·芬奇也没能发明出一个来。人们尝试过各种部件，比如一个由旋转球、磁铁、滑轮和斜坡组成的轮子。“永动机”是违背能量守恒定律的，而这一定律是所有自然定律里最基本的一条。没有一个系统能够产生比提供给它的能量更多的能量。

49. 在同样的压力下，热空气和冷空气哪个更为密集？

答案：冷空气。

冷空气比热空气的密度要高。空气是由氮气、氧气和其他气体分子组成的，这些气体分子以惊人的速度运动着，分子之间相互碰撞并同时撞击其他物体。温度越高，分子的运动速度越快。随着空气温度的升高，气体分子运动的速度加剧，彼此之间以及与环境之间的碰撞也变得更加剧烈。如果空气体积不固定，则温度的升高将会使得气体分子间的距离增大，从而使得气体密度变小。例如，热气球里的空气被加热之后就会膨胀（气体分子运动加速且彼此间距离变大），由于比周围空气的密度小，热气球便会上升。当加热器关闭后，热气球里的空气冷却下来，气体分子的运动速度降低并彼此靠拢，这时，热气球便开始下降。

50. 是谁发现了能量（E）、质量（m）和光速（c）之间的关系，并且表达为 $E=mc^2$ 这一方程式的呢？

a）玛丽·居里（居里夫人）　　b）路易斯·巴斯德

☞ c）阿尔伯特·爱因斯坦　　d）艾萨克·牛顿

答案：爱因斯坦（1879-1955）出生于德国，并在欧洲许多国家生活过。1933 年为逃避德国纳粹政府的迫害，他移居美国。

1905年，爱因斯坦发表了著名的“相对论”，包括 $E=mc^2$ 这一著名公式，这是科学史上最著名的理论之一。这个公式表示质量和能量都不是单独恒定的，而是可以相互转化，只有总体的质能是守恒的。公式中的 m 代表质量，c 是常数，等于光速（也就是 299338 千米 / 秒）；E 等于一定质量所产生的能量。由于光速的平方是一个巨大的数字，因此以适当单位表示的时候，相对小的质量也可以产生巨大的能量（更多关于爱因斯坦的信息，请参见第 100 题）。

波兰籍科学家居里夫人（1867-1934）发现了放射现象和镭元素，她是第一个两次获得诺贝尔奖的科学家。

巴斯德（1822-1895）生于法国。他确立了多数传染病都是由细菌引起的这一理论（例如病菌、病毒、真菌和原生虫）。这为微生物学的产生奠定了基础，也是现代医学的基石（参见第 19 题）。

牛顿（1642-1727）是英国人。他发现了万有引力定律，发明了反射望远镜，并建立了三大运动定律，也就是现在为人所熟知的牛顿定律。他还发现了微分和积分，莱布尼兹也发现了微积分。

51. 有三种力，虽然作用于物体，但并不会触及物体，这三种力是什么？

答案：磁力、电力和引力。

磁力是由磁极之间相互作用产生的力。磁极可以是地球的两极或者是磁铁的两极（相反的两端）。两个磁极之间的距离越大，磁场的力越小。磁力主要对铁元素发生作用，但也可以对电流和移动的带电粒子产生作用。正因为如此，磁力和电力是相关的。

电力是由带电荷的物体产生的力。有两种电荷——正电荷（+）和负电荷（-），同极电荷相斥（比如正电荷与正电荷），异极相吸（比如正电荷与负电荷）。电力最初是由希腊人发现的，他们发现用毛皮摩擦过的琥珀能够吸引其他的物体。

引力是质性物体之间相互吸引的力，是一种到处存在的力。引力使得行星围绕太阳运行，月亮围绕地球运行（参见第52题）。

52. 使行星围绕太阳运转、使物体落到地上的力是什么？

答案：引力。

由于太阳体积极其巨大（要比地球大33万倍），因此它产生一个向心的引力，使得行星围绕着它在既定的轨道运行。想像一下：太阳与地球之间有一根绳子，地球想要沿着直线运行，但是这根绳子（也就是引力）一直将地球拉向太阳。结果就是地球既不是沿直线也不是沿圆形轨迹运行，而是沿椭圆形轨迹运行。如果引力不存在，那么地球将会以一个恒定的速度沿着直线运行，远离太阳。月亮和绕地卫星都是因为地球产生的地心引力而在既定的轨道运行。

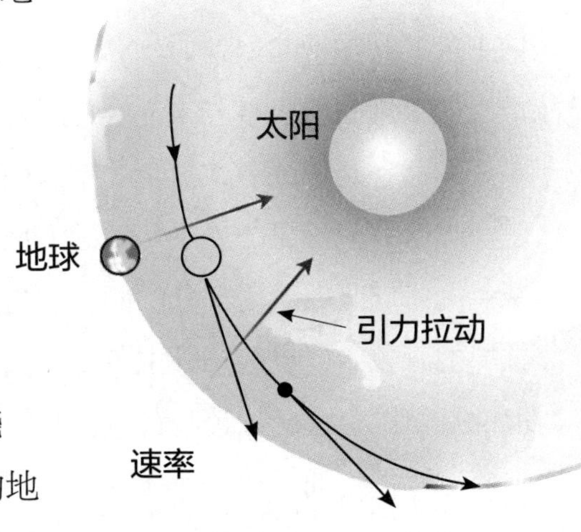

地球对其表面上的各种物体也产生类似的引力。你站在地球上，地球便对你产生引力。地球相对于你来说是一个体积非常巨大的物体，它对你产生的引力远远超过你的惯性，将你拉向它的中心。地心引力使得你站在地面上而不会飘在空中。你能站在地球的表面是因为表面对你有一个反作用力，正好平衡了地心引力。恰恰是这个与地球引力相反的力使你感到重量，这也是为什么在太空中你会觉得失重的原因。

53. 把红、绿、蓝三种颜色的光投射到同一张白纸上的同一处，你会看到什么颜色？

答案：白色。

虽然色谱会显示一连串的颜色，但人类眼睛所具有的接收器（叫作视细胞）只能感知三种主要的叠加色——红色、蓝色和绿色。我们的大脑感知到色彩是基于每一种视细胞在光线进入视网膜后受到刺激的程度。我们所看到的任何一种颜色都是由这三种主色按不同密度混合在一起而产生的。灰色和白色是由等量的三种主色混合在一起得到的。

如果用颜料代替光来混合这三种主色会得到什么颜色呢？如果你的回答是深褐色或黑色，那么回答正确。为什么会产生这种差别呢？我们看见的光是从纸面上反射出来的。图画上的颜料是减色的，它吸收了一部分的颜色并将剩下的颜色反射出来。在消减掉的颜色中，也有三种主色，分别是蓝色、红色和黄色，确切地说是蓝绿色、紫红色和黄色。灰色和黑色是由等量的上述三种主色混合得到的。

有趣的是，动物视网膜中视细胞的数量和类型与人类的不同，因此，动物感知到的主色也与人类感知到的不同。这就是说，同样面对一个 RGB（红—绿—蓝）屏幕，例如电脑屏幕，人的眼里看到的鲜艳花朵在动物眼中色彩可能完全不同。

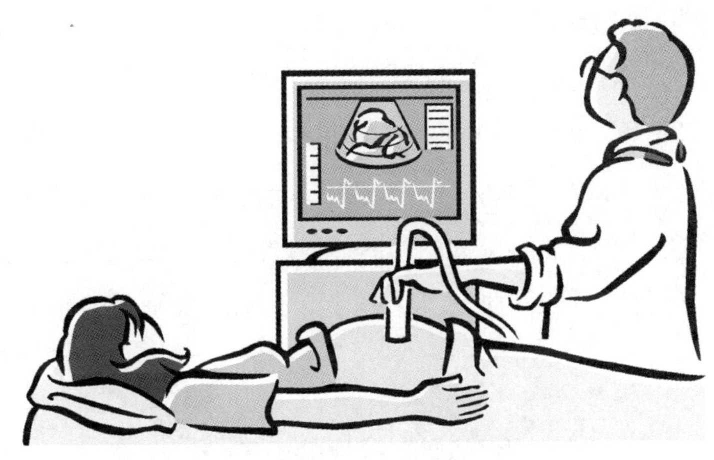

54. 有几种影像技术，能让你看到仅用眼睛看不到的东西，这几种技术是什么？

答案：超声波、电磁辐射与磁共振成像。

超声波或超声波检查术，是用高频声波来观察体内状况，比如身体的内部组织和器官、血液流动、心脏瓣膜功能或者孕妇体内胎儿的情况。

电磁辐射可用于成像，包括 X 光扫描、CAT 扫描和红外功能。X 光是肉眼看不到的、具有高穿透性和高频的电磁辐射。医生使用 X 光机对人体的骨骼和器官进行成像；CAT 扫描（计算机轴向断层扫描）是 X 光的一种扩展形式，它从不同的角度对人体进行扫描，对人体组织、器官和骨骼的截面形成高清的图像；红外线成像采用的是热辐射，与照相机利用光成像的原理相似，最后得到的是物体的热图。

MRI 机利用磁铁和无线电波脉冲成像，成像效果非常清晰，可以清楚地显现血液在人体各部分流动的情况。

55. 怎样制造声震？

答案：必须跑得比声速快。

声震是物体，尤其是飞机，在其速度超过声速时发生的现象，这时的速度大约 1225 千米 / 时。飞机在飞行时会对周围的空气产生持续的空气压力波，就像船在航行时船弓产生的水压。当飞机的速度超过声速时，这些压力波汇聚在一起，形成一股强大的冲击波，在地面上听起来就是声震。声震是空气压力的持续积累之后由冲击波带来的瞬间释放形成的。一般在地面上听到声震是在飞机飞过后 2~60 秒的时间，这取决于飞机的高度。

1947 年，查克·耶格尔将军驾驶他特制的飞机贝尔 X-1（他给它起名叫闪耀的格里尼斯）制造了第一个人工声震。协和式飞机——一种超音速的喷气式飞机，在横跨大西洋的飞行中也有声震。与传统的飞机相比，这种飞机用短了超过一半的时间便完成了这一航段的飞行。其实，第一次真正的人工声震比任何一次都要简单——鞭子的末端发出的“啪啪”声就是一个小小的声震。

56. 为什么在冰上行走和在湿滑的路面上开车那么困难？

答案：因为摩擦力变小了。

摩擦力是在运动过程中的两个物体表面接触和摩擦时产生的阻力。即使两个物体看起来很平滑，在显微镜下看其表面也是粗糙和凹凸不平的。当相互滑动的时候，会在彼此的表面产生摩擦和拖拽的摩擦力以阻止滑动。摩擦力会产生热，磨损物体的表面，或者降低引擎的速度。为了减少摩擦，可用油或者硅树脂作润滑剂，使表面变得光滑起来。例如，给“吱吱”响的铰链上了油，油就填充了其表面细小的裂纹，减小了表面的粗糙度，从而使得部件之间相互的摩擦减轻，噪音降低。

我们在走路、爬山或开车时，路面上的雪、雨或油会减少摩擦力，使我们容易滑倒。把沙子撒到结冰的路面上，会增加路面的摩擦力，使得车子开起来不会打滑。

57. 我们从许多不同渠道获取能源来制冷、制热或保持机器运转，看看你能说出多少个这样的渠道？

答案：太阳、风、木材、化石燃料、水、天然气、地热活动和核裂变。

（1）太阳：太阳能用之不竭，而且是最为清洁的能源。太阳能是通过太阳能电池板日照时面向太阳吸收太阳辐射并存储下来的。太阳能应用的挑战在于电池板制作的开销（请参考一般科学问题中的附加题）。

（2）风：人类利用风能已有数百年，例如利用风能推动帆船行进或者风车转动。形成风的原因有许多，可以是由太阳光照和夜晚对地球大气的循环加热和冷却形成，也可以是由空气从高气压地区流向低气压地区形成，还有其他一些因素。不过利用风能有两个主要缺点：不易存储及不可靠性。

（3）木材：木材及其他有机材料（例如农作物产品，包括玉米秸秆、废纸和牛粪）都能在燃烧、发酵或者化学处理过程中释放能量。虽然木材等材料很便宜，但在使用过程中会产生烟雾和污染，并且供应也有限。

（4）化石燃料：化石燃料是埋在地下的能源，已存在了上百万年的时间。煤和石油都属于化石燃料。煤是一种岩石，在燃烧的过程中释放能量，其主要成分是碳。煤中的碳浓度越高，蕴含的能量就越大。石油是由几百万年前地下掩埋的腐烂的植物和动物尸体形成的。化石燃料是不可再生的能源，也就是说，如果把现有的化石燃料都用光了，就再也没有了。

（5）水：水力发电是利用水的流动产生电能。世界上有大约 20% 的电来自于水力发电。在美国，水力发电约占全国 12% 的电能供应，占由可再生能源发电量的 90% 以上。水力发电的原理是将堰塞湖、溪流和河流的水收集起来，通过水渠引入发电站，带动发电机的涡轮转动产生电能。然而，水坝对于环境可能造成负面影响，例如会对河水中的生物造成影响（参见地球科学部分的附加题。）

（6）天然气：天然气的主要成分是甲烷，是由氢元素和碳元素组成的化合物，主要是由死去很久的植物和微生物生成。几百万年前，这些有机生物死去后，埋在了湖底、海床和河床的泥沙中。随着时间的推移，细菌将这些有机生物体分解，并产生了甲烷气体。这种气体通过管道输送出去，并通过燃烧产生热与能量。

（7）地热能：地热能是蕴藏在活火山和近期停止活动的火山之下的地球的自然热能。热流产生的高温蒸汽带动发电机涡轮的转动，从而产生电能，同时低温热流则可直接用于家庭、温室、工厂和温泉。相对于化石燃料和木材，地热能是一种可再生的清洁能源。在冰岛，许多家庭的供暖都是由地热能直接提供的。

（8）核能：利用核能发电的原理与利用煤或石油为燃料发电的原理是相似的，都是利用热能产生电能。水加热到一定温度，变成高温的蒸汽，就能带动发电机涡轮转动，产生电能。在核反应堆中，使水加热变成蒸汽从而推动涡轮的热能是由原子核的裂变释放出的能量。目前，核电站的运行方式会产生带辐射的核废料，这些废料需要几百年的时间才能变安全。因此，正确处置核废料是保证核电站安全运行的最重要措施。

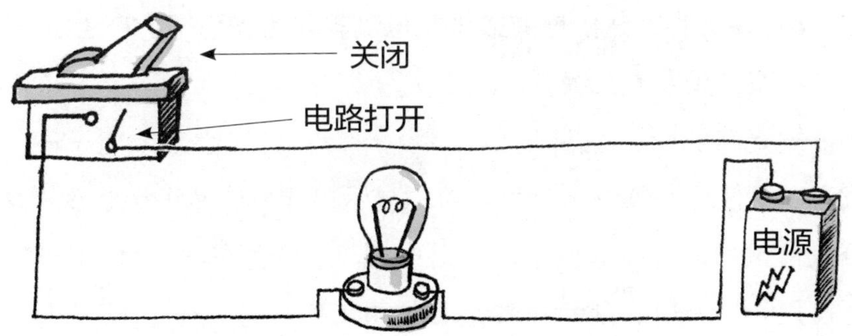

58. 我们打开电灯开关，灯就会亮，为什么？

答案：因为灯泡所在的电路闭合了。

电路是由电流源和导电材料（如电线）形成的一个回路。开关合上时，回路即连通或闭合，电流流过回路，使电灯发亮。如果灯泡是白炽灯，则电流流过灯丝使其受热变成白热状态从而发光，你所看到的灯光就是由灯丝发出的。当开关打开时，电流回路断开，从而没有电流流过灯泡。一个回路断开表示回路呈打开的状态。

59. 怎样用柠檬使灯泡亮起来？

答案：把柠檬变成电池。

柠檬可以当电池用。将一个铜片和一个钢质曲别针（或一个镀锌的钉子）从柠檬的切口处放到柠檬皮里，然后将铜片和曲别针用一根电线连接起来。这两种不同材质的金属通过与柠檬汁中的酸发生反应，使得电子从负极（钢或锌）向正极（铜片）移动。当不同材质的金属浸入柠檬时便会产生电，这可以用电压表测量出来。一个柠檬产生的电可能无法使灯泡发亮，但如果将四个或者更多的柠檬的正负极相接，连成一个电路，就可以点亮一个 LED 灯泡或其他小的电子器件。

60. 用哪种方法能够有效地把电流转化为光而不会产生热？

答案：用发光二级管（LED）。

发光二级管，也叫 LED，用途广泛：可使手表或电子闹钟发光，可使遥控器发出信号，可以显示摄像机或者手持游戏机是否正常工作，也能够用于大屏幕电视机、交通信号灯和闪光灯，还可用作指示灯，显示机器是否处于工作状态。一个 LED 是一个小的灯泡，但它与普通灯泡的区别在于它没有灯丝。LED 是通过电子在半导体材料中的移动来发光的，在移动的过程中释放出光子，也就是光的最基本单位。LED 最大的优势是非常高效，普通白炽灯变得很热的时候，LED 灯几乎不会释放多少热量。与普通灯泡不同，LED 的寿命很长，这使其被广泛应用于那些较难触及的地方。

61. 半导体是如何工作的?

答案：通过可控方式传导电子脉冲。

半导体的应用对我们的社会产生了深远影响。在大多数微处理器的芯片中——也就是所有电脑的“心脏”中，都能发现半导体的身影。任何电脑化的或者使用无线电波的东西都要依赖半导体。

半导体的材料一般是硅，它将电流脉冲的传输控制在一个微小的电路中。这些微小的电路引发了便携技术，这在以前的真空管时代是无法做到的。例如，如果不是半导体技术，那对于一个现代笔记本电脑的计算能力而言，则需要体积庞大、耗电很高的设备以及众多的维护人员。

二极管是最简单的半导体器件。如果你想了解半导体器件的工作原理，那么二极管是一个很好的切入点。二极管使得电流只能从一个方向流过，从另一个方向则不行。就像体育场里的十字形验票闸门，人们只能从一个方向通过。二极管就是电子通行的单向十字闸门。绝大多数二极管的原材料都是硅。通过在硅晶体中加入少量杂质，可以将硅的性能由半导体变成导体，这是可以导电但导电性能并不是非常好的导体——这也就是半导体名字的由来。

62. 为什么向你开来的救护车和驶离你的救护车声音不同？

答案：因为多普勒效应。

多普勒效应，也叫多普勒频移，是指物体辐射的波长因为发射源和接收者的相对运动而产生变化。如果发射源和接收者在相互靠近，那么，波的频率将会增加，波长变小，从而音调变高。

如果发射源和接收者离彼此越来越远，声波的频率减小，波长变大，音调就会变低。多普勒效应的命名是为了纪念奥地利科学家克里斯琴·多普勒（1803-1853），他展示了声音的多普勒效应。

63. 如果你用一堆石头来搭一座桥，那桥的形状会是什么样的？

答案：拱形。

将石头叠成拱形，石头的重量沿着拱形的弧线分布至桥墩，即桥和地面接触的部分。也就是说，桥的下部几乎没有张力，这使得这种设计非常牢固。拱桥的修建甚至可以不用任何灰泥；这些石头通过彼此间的相互作用力，便可以牢固地稳定下来。这个力是由重力作用于每块石头的相等压力而形成的。古罗马人建造的拱形石桥和沟槽，到今天都依然屹立不倒。

64. 如果你有质量相同的两顶皇冠，一顶是用金子做的，一顶是用金子和银子做的，你能否在不破坏皇冠的情况下区分它们吗？

答案：通过密度来区分。

纯金要比混合了银的金子密度大，因而可以容易地通过密度来区分纯金皇冠和合金皇冠（即混合了金属的金子）。密度等于物体的质量除以它的体积。如果两顶皇冠的质量相同，那么要找出密度大的那顶，我们需要知道每顶皇冠的体积。

对皇冠这样形状复杂的物体，好像很难测量出其体积。但有一个简单的方法，是由古希腊物理学家、数学家和发明家阿基米德在他的浴缸里发现的。他发现测量皇冠体积的一种方法是先记录水缸里水的初始高度，然后将皇冠放入水缸中，测量此时要将水面恢复到初始高度时需要倒出来的水的体积，即为皇冠的体积。密度高的皇冠体积相对较小，则需要倒出的水量相对较少。

65. 冷却一瓶苏打水的最快方法是把它放在什么地方？

a）一桶冰里　　　　b）一桶冰水里 ☜

c ）一桶冷水里　　　d）外面气温很低时放到门口台阶上

答案：把一瓶苏打水放入冰水中冷却得最快，这是因为它有更多的表面与冰冷的液体相接触，从而使更多的热量从苏打水转移到冰水。如果只是将苏打水放入冰块中，则因瓶身与冰块的接触面较少，冷却过程会减慢。这也比放在室外的冷空气中冷却得更快，因为水比空气的导热性要更好。

如果想让苏打水冷却得更快些，可把它放入一桶冰盐水中。冰的淡水可以冷却到 0℃，而盐能降低水结冰的温度，因而冰盐水的温度低于 0℃而不至于结冰。水的盐度越高，其冰点温度越低。

66. 从游泳池边上跳到水里，如果是胸腹先着水会感觉很疼，这是为什么？

答案：因为你在破坏表面的张力。

液体的分子间有足够大的引力，以保证彼此间不散。液体与空气相接的地方，液体分子相对液体内部排列得更为紧密，分子间的引力在水面上形成了一种类似皮肤的张力，称为表面张力。这也就是为什么当你着水时会感觉疼痛的原因，特别是从高处着水时更是如此。你的身体正在撞击那层“皮肤”，并要打破粘在一起的水分子。胸腹先着水会感觉更疼，是因为你要破坏较大面积的表面张力。而跳水时，你的双手形成了一个小而尖锐的接触面来破坏水的表面张力，这就使你受到的力很小（这一力的大小等于表面张力乘以你身体与水面相接触时的面积）。跳水时的高度也对这一力有影响。跳板的位置越高，你跳下时的速度越快，则撞击水面时受到的力就越大。

观察水分子之间粘着力的方法之一，是用一个滴管将水慢慢地滴到一枚硬币上。几滴之后，硬币上的水开始凸出硬币的边缘，但却不会掉下来，这是因为水的表面张力将水牢牢地附着在硬币上。当你接着往硬币上滴水时，水便会从硬币上掉下来。那么你认为多少滴水能够正好附着在硬币上而不至于掉下来呢？

67. 贝多芬即使耳朵失聪后仍能作曲，靠的是什么?

答案：他是通过地板来感觉音乐的震动。

所有的声音，无论是卡车在高速公路上行驶的声音还是音乐会上摇滚乐队的乐声，都是一种震动。就像光是光子的波，声音则是声的波。在有声音的地方，空气中的分子前后震动，形成声波。正是声波及其不同的频率，才使声音得到传送。这就是为什么当你听音乐时，如果音量大、低音多，你就会感到地板似乎在震动。

贝多芬在成为作曲家之前曾是钢琴师。但随着听力的逐渐衰退乃至完全失聪，他无法再演出，于是开始谱曲。他之所以能够作曲，一方面是靠他丰富的音乐知识，另一方面则靠他对音乐震动的感觉。他双脚直接踩着地板，而钢琴也是直接放在地板上，这样他就能够感到声音的震动，从而感觉到音乐（参见第 62 题）。

地球科学
答 案

68. 宇航员从外太空回望地球，看到的是一个蓝色的星球。这是为什么？

答案：原因在于地球表面大量的水。

地球的颜色来自其反射、吸收、传播和分散太阳光的结果。太阳光含有光谱的所有颜色，但它与空气、陆地、植物和水接触后会有不同的反应。自然的陆地（土壤、岩石和沙砾）往往以棕色或灰色为主。这是因为只有这两种颜色被反射出来，而其他颜色都被吸收了。树木和草通常是绿色，因为太阳光所含的颜色中只有绿色被反射了。

而水就不一样了。阳光进入地球大气层后，空气分子分散太阳光中蓝色光的效果最好。之后阳光本身和被空气分子分散的蓝色光一同照射到大海、湖泊或河流的表面。除了水里的一些如藻类、泥浆或污染物外，水最容易反射的是阳光中的蓝色光。这正是宇航员在太空看到地球是蓝色的原因（想知道更多有关光的反射的信息请参见第 88 题）。

由于水覆盖了地球表面的 70%，相当于 2.245 亿平方千米，所以在外太空黑色的背景下，我们的星球就像一颗蓝色珍珠般悬挂在空中。

69. 地球每年围绕下列哪个物体转动一周？

☞ a）太阳　　　　b）月亮

c）地轴　　　　d）银河系

答案：地球按一定轨道围绕太阳转动被称作地球的公转。这种天体运动一个周期需要 365.26 天。地球围绕太阳运行的轨道并不是圆形的，而是椭圆形的。正因为这个椭圆形的轨道，导致地球和太阳间的距离每年都在改变。因为地轴与地球的运行轨道呈倾斜关系，北半球在一年的一半时间中会比南半球受到更长、更直接的阳光照射；而在一年的另一半时间中，南半球的天气将会更温暖（详见第 70 题）。

月球围绕地球的旋转与地球围绕太阳旋转的方式是一样的，但其公转周期仅有 28 天。

地球的地轴是一条看不见的从北极穿过地球中心到南极的线。地球每 24 小时沿地轴自转一周，也就产生了白天和黑夜。

银河系是包含我们的太阳系在内的一个星系（详见第 72 题）。

70. 阴历的一年比阳历的一年更长还是更短？

答案：更短。

阴历的一年比阳历的一年短 11 天。阳历的一年有 365.26 天，即地球围绕太阳运行一周所需的时间。月球像地球围绕太阳运行般围绕地球运行。如果地球不围绕太阳运行，月球将会 28 天绕地球运行一周。但因为地球围绕太阳运行，因此月球需要运行更长的距离来回到满月或新月的位置，这样就需要额外的 1.5 天来完成一周的运行。这使得阴历的一个月——即从新月到新月的时间——为 29 天 12 小时 44 分。

一些宗教，如基督教，有自己的阳历，以使其假日与季节相配，而且每年都会在一个时间或其前后几天发生。一个典型的例子是复活节。复活节每年的日期都不一样，但都是在春天。全世界都在用的公历也属阳历。它是基于地球围绕太阳运行的进度而制定的，因此每年都比较稳定。

其他一些宗教，如伊斯兰教和佛教，有自己的阴历。各大节日的日期每隔一年就会前移 11 天，因此春天的某个节日在 10 年之后将会移到冬天。犹太教有一部通过阳历来校正的阴历，这使得他们节日的日期虽然变化，但所在季节不会因此而改变。

71. 太阳是：

a）行星　　　　b）流星

☞c）恒星　　　　d）反射映像

答案：太阳不仅是恒星，而且是我们太阳系中的唯一的恒星。太阳很大，其表面积是地球的 109 倍，内部能够装下 130 万个地球。太阳的外部可视层被称作光球层，温度高达 6000℃。在地球上或太空中使用望远镜观测光球层时，可以看到它的外观是斑斑驳驳的，这是因为它表面剧烈的能量爆发。太阳能是在太阳的内核深处产生的。

行星是指围绕太阳或类似星体旋转，而且其飞行轨道上没有其他物体的圆形天体。我们的太阳系中，有 8 个已经证实了的行星——按离太阳由近到远的顺序，分别为水星、金星、地球、火星、木星、土星、天王星和海王星（详见第 72 题及一般科学部分附加题）。

流星是在流星体进入地球大气层时，因其与空气分子发生剧烈摩擦被加热而产生在太空的一条明亮的轨迹。

反射映像发生在光被某个表面反射的时候（详见第 88 题）。

72. 我们的太阳系有多少颗行星？哪颗离太阳最近？

答案：八颗，其中水星离太阳最近。

水星是离太阳最近的一颗行星，也是太阳系行星中最小的一颗，它的直径比地球小 40%，比月球大 40%；金星是离太阳第二近的行星，其运行轨道比太阳系中任何一颗行星都要更接近正圆，而且也是太阳和月亮之外天空中最亮的天体；金星之后是地球；再往后是火星，火星也被称作“红色星球”，因为它的表面由红土组成，火星的大气层很稀薄，因此如果和地球与太阳同距，那它会比地球冷得多；下一个星球是木星，它是最大的一颗行星，比其他 7 颗行星合起来的体积还要大 1 倍，是地球体积的 318 倍；接下来是土星，被由无数颗粒组成的一道明显的光环围绕着，而每个颗粒都有自己的运行轨道，这些颗粒小的仅有几厘米，大的有几米，个别的甚至有几千米大小；天王星是土星的邻居，拥有独特的蓝色外观，成因是其大气层内的甲烷吸收了红色光所致；最后一颗行星是海王星，它有一个内部的热源（木星和土星也有），辐射出的能量超过其吸收的太阳能量的两倍。

在很长一段时间里，人们都公认太阳系中有 9 颗行星，其中包括冥王星。2005 年，一些科学家相信他们发现了被称为 2003UB313 或阋神星的第十颗行星。2006 年，世界天文学联盟（IAU）一致同意冥王星和阋神星并不是行星，而是矮行星。对于行星的定义是：一个拥有围绕太阳运行的轨道并在该轨道上围绕太阳运行，有足够的质量来让它呈现出近似球体的形态，并且将处于其运行轨道附近的物体都清空了的天体。冥王星和阋神星满足前两个条件，但不满足第三个。它们的运行轨道都处于柯伊伯带中，周围有很多的冰态天体。

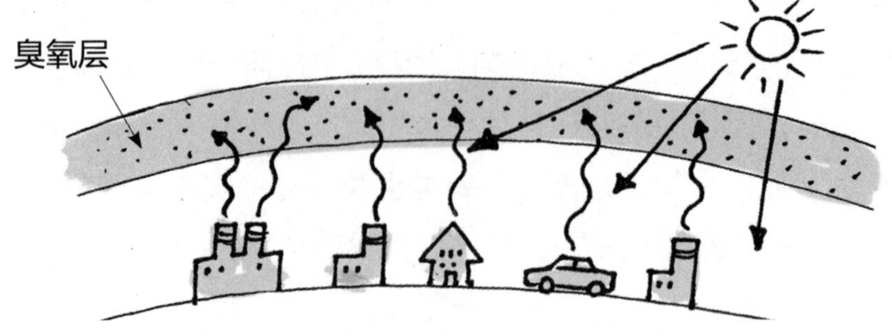

73. 保护我们免受太阳发出的有害的紫外线伤害的那层气体叫什么？

答案：臭氧层。

臭氧层也叫溴氧层，是围绕地球的诸多“层”之一。离地球最近的一层是对流层（我们的气候就产生在这一层），它从地球表面一直延伸到 8~16 千米高的地方。它在南北极相对更薄，而在赤道附近相对厚些。

同温层处于对流层上方，干燥而且稀薄。由于吸收了紫外线的辐射，这部分的温度实际上比对流层的顶层还要高。能够吸收和分散紫外线辐射的臭氧层就处于该层。地球 99% 的大气都位于对流层和同温层中。

同温层含有浓度较高的臭氧，聚集在地表之上 19~48 千米的地方。当太阳紫外线与氧气相互发生作用时，臭氧就形成了。两个氧气分子聚合成 O_2 即氧气，三个氧气分子则聚合成 O_3，也就是臭氧。

臭氧层可以防止大部分紫外线和其他一些高能辐射穿过地球表面，但会允许足量的紫外线穿过以激活人体内的维生素 D。不管怎样，如果不是臭氧层的过滤效果弱化了辐射，那么动物的身体组织就会遭到破坏。因臭氧层的损坏而形成的高辐射会导致一些疾病，例如皮肤癌，而且有人认为这曾导致了数个两栖动物物种的灭绝。

74. 月亮的引力作用会使水体发生变动。这种变动叫什么？

答案：潮汐。

潮汐受月亮和太阳相对位置的支配，二者都会施加引力。这个引力会吸引地球上的水，从而产生全球范围的潮汐。上涨的潮汐被称作涨潮（来源于 13 世纪英国水手的词汇 flod），而退去的潮汐被称作退潮。每 25 小时都会有 2 次涨潮和 2 次退潮，这与地球在地轴上的自转有关。

太阳对地球的引力比月球的要强 180 倍，但月球引力的变化比太阳引力的变化要多一倍多，这是因为它离地球近得多。因此，主要是月球导致了潮汐在各地的差异。世界最高的潮汐位于加拿大的芬迪湾。由于这个海湾的不规则形状以及其他的一些因素，这里的潮汐比世界上其他任何地方的都更为精彩（想了解更多关于引力的知识请参见第 52 题）。

75. 要给地球上的一个地方准确定位，我们需要哪四项尺度？

答案：经度、纬度、高度和时间。

在地球仪上，人们想象的经线（或叫子午线）从地球的一极延展至另一极，就像橙子瓣一样；纬线则是与赤道平行的线。

穿过英国格林尼治皇家天文台的子午线经度被定为 0，这是最初的经线。经度被划分为东经和西经各 180°。东经 180° 和西经 180° 是同一条子午线，位于西太平洋。国际日期变更线就在附近，且与这条经线的方向一致。

纬线描述的是某地与赤道间的距离，分为北纬和南纬。赤道这条纬线的纬度被定为 0° ，北极和南极的纬度分别为北纬 90° 和南纬 90° 。在极地，纬线变成了一个点，且与赤道平面成直角。

使用经纬坐标，我们可以准确确定地球表面上任何一个位置。这些坐标实际上是被分为角度（° ）、角分（′ ）和角秒（″ ）的角。1° 包含 60′ ，一角分包含 60″ 。举个例子，美国的国会大厦位于 38° 53′ 23″ N，77° 00′ 27″ W，也就是北纬 38 度 53 分 23 秒，西经 77 度 27 秒。

要想确定地球表面、内部或上方某处的位置，我们还需要明确其以地球表面或某一个固定参照系，例如海平面，为测量基准的高度或海拔。利用经度、纬度和高度这三个测量单位，美国科罗拉多州丹佛市就会被定位于北纬 39 度 45 分 3 秒（39° 45′ 3″ N），西经 104 度 54 分 35 秒（104° 54′ 35″ W）。丹佛市的海拔高度，若以科罗拉多州议会大厦的第 15 级台阶为准，是 1.6 千米。

我们需要的最后一个测量单位是时间。随着我们生活环境中所发生的诸多变化，例如大陆板块漂移、侵蚀、风化、城市化等，很多位置的精确定位也会不断变化。科学家需要知道经度、纬度和高度的数据是何时采集的，这样他们就能知道随着时间的推移，地球表面是如何变化的。科学家可以使用测地学来确定任何时间段内地球表面所发生的变化，因为测地学所作的测量可以精确到厘米。

测地工作者就是以确定地理位置为本职工作的科学家。他们研究地球的大小、形状以及引力场。他们使用一些测地工具，例如全球定位系统（GPS），来建立和优化全球的三角网。这些海拔和方位的基准点为绘制地图提供了参考系。

76. 四个主要方向分别是什么？指南针所指的方向是哪里？

答案：四个主要方向是东、西、南、北，指南针所指的方向是北。

指南针是一种指示方向的导航工具，通常会在登山或航海的时候使用。指南针内的磁铁会按南北磁力线调整其方向，这使得磁针向磁的北极调整，从而指向北方。指南针玻璃外壳内的罗经刻度盘标注了四个主要方向，表示为 N、E、S 和 W（即北、东、南、西，按顺时针方向排列）；以及四个次要方向，即东北、东南、西南、西北，每隔 30° 就出现一个数字。长的垂直标志每隔 10° 出现一次，它们中间的短标志出现在 5° 的地方。装有磁铁的罗经刻度盘被安在整个装置中心的一个支点上，这使得刻度盘能够自由旋转和悬浮。指南针内部的封闭空间内由白色煤油填充，以减弱共鸣和振动。罗盘准线刻在指南针的玻璃表面上，这样我们就能精确地读取指南针上的数据。

当指南针指向北方时，它指向的实际上是磁北，或者说是地球磁场的方向。真北，即地理北极，是地球最北的地点，即北极的中心点。两个测量尺度并不一致，原因是地球的磁北极实际上在加拿大。一名探险家为了能够确定他实际的位置，需要了解随着经度而不断变化的真北和磁北的区别。

77. 地球的周长是多少？

答案：地球的赤道周长约 40075 千米。地球的子午线周长约 40008 千米。

对地球周长较准确的测量最早是由一位名叫埃拉托色尼的古希腊人在公元前 200 年前后进行的。他的测量结果是 46268 千米，并且是建立在太阳于 6 月 21 日在两个不同城市的天空中的位置变更。古希腊人和古埃及人最早使用了经纬度，并且分享了他们测量地球周长的方法。

英语单词 equator 的来源是 14 世纪的拉丁语单词 aequator，它的含义是平衡器。赤道穿过 13 个国家：厄瓜多尔共和国、哥伦比亚、巴西、圣多美和普林西比民主共和国、加蓬、刚果共和国、乌干达、肯尼亚、索马里、马尔代夫共和国、印度尼西亚、基里巴斯共和国。（在马尔代夫和基里巴斯，赤道穿过 12 海里[①]的领海，但是不穿过领土。）肯尼亚西部的“赤道村”处于东非大裂谷的西侧边缘，当然，也处于赤道上。

78. 哪个地方没有陆地只有冰？北极还是南极？

答案：北极。

北极也就是地轴北端的尽头，这里没有任何陆地。位于北纬 90° 的北极被海冰完全覆盖。海冰来源于冻结的海水。由于海水含有盐分，它在 −1.8℃时才会结冰。浮冰是自由浮动、互相分离的个体冰块，并且不与陆地相接。更大块的冰则被称作冰原。

---

① 1 海里 =1852 米。——编者注

在南极，又叫南极洲，个别山上有的地方没有任何冰雪，在沿海地区也有部分无冰雪的区域。南极的大部分地带都是因火山活动而成形的。这里有一个名为麦克默多站的科学研究站，它所在的区域有一部分被冰雪覆盖，但绝大部分建立在火山岩和泥土之上。另外还有一个被称作干谷的地方，这里没有任何冰雪。南极洲是世界上最为寒冷、多风、干燥的大陆。这里几乎没有任何形式的降水。自从把沙漠定义为一年内降水少于 254mm 的地区之后，南极洲理论上就是一片沙漠了！

79. 大陆的划分目的是为了区别：

a）昼行动物与夜行动物　　b）北半球与南半球

☞ c）河水流入大海的方向　　d）下雨的地区和下雪的地区

答案：北美大陆的分水岭是一条不规则地从北向南穿过落基山的山脉，它分开了向东流和向西流的水路。向东流的水路经由密西西比河以及其他一些河流进入墨西哥湾，而向西流的则进入太平洋。

除南极洲外，每块大陆都有一条分水岭，有些大陆还有不止一个。北美洲还有一条沿阿巴拉契亚山脉走向的东部分水岭。分水岭以西的水汇入密西西比河和其他一些河流，以东的水则汇入太平洋。

昼行性和夜行性指的是生物的活动时间。一只白天活动、夜里休息的动物就是昼行动物；而一只白天休息、夜里却变得活跃的动物则是夜行动物。

赤道是一条围绕地球的虚拟的线，处于南极和北极的正中间，划分开了南半球和北半球（详见第 77 题）。

雨是液态的降水，而雪是固态的晶体。影响降水形式的因素有数个，例如气温和海拔（详见第 87 题）。

80. 地球表面大多被什么所覆盖?

a） 海洋　　　　b）冰川

c） 沙漠　　　　d）草原

答案：虽然冰（以冰川和冻土的形式）、沙漠和岩石会与其他地貌，例如山峰、湖泊、河流和草地结合起来形成地球表面的一部分，但海洋仍然覆盖绝大部分——约为地表的 71%。

太平洋所覆盖的面积最大，同时也是世界上最深的海洋。亚瑟·查尔斯·克拉克爵士（英国作家、发明家，著有科幻小说《2001：太空漫游》）曾经说过：“这个星球叫地球真不合适，它明显是由海洋构成的。”海洋所占面积、海水反射与散射光的方式，这些耦合因素就是地球经常被称作“蓝色星球”的原因。

冰川是沿斜坡缓慢下滑或铺陈在地面之上的体积巨大的冰块（详见第 78 题）。

沙漠是指年平均降水量少于 25 厘米的特别干燥的地带。由于蒸发，沙漠中的植物容易很快地丧失水分。

草地是指长满了草、花以及其他低矮植物的大片区域。

81. 地球上绝大部分淡水存在于什么地方？

a）湖泊中　　　　b）河流与小溪中

c）水库中　　　　d）两极冰盖中

答案：极地冰盖所含有的淡水资源比五大湖[①]加起来还要多（极地冰盖包括北极和南极地区）。单是南极冰盖就占全球淡水资源的近 2/3。两极冰盖的大小非常重要，因为它们可能是未来地球淡水资源的解决出路。

五大湖区面积巨大，含有 6000 万亿加仑[②]的淡水，占美国全部淡水量的 95%，占世界地表淡水量的 20%，仅次于极地冰盖以及西伯利亚的贝加尔湖。如果将五大湖的水平铺在美国大陆上，则整个国家将会淹没在 2.9 米深的水下。

生活中我们大部分的饮用水来自河流和小溪，但它们只构成世界淡水资源供给中的一小部分。人造水库所占比例更小。

其他水源包括收集的雨水和通过水井开采的地下水。不管怎样，这些水的供给是无法满足人类所需的，因此有必要对水进行净化。常见的净水方法有过滤、煮沸以及蒸馏。许多国家的政府现在开展了将水免费分配给缺水人群的项目。减少浪费，或者将饮用水仅限于人用，是另一条保证水供给可控的方案。有些城市，例如中国香港，把海水用来冲厕，从而有利于保存淡水资源。（参见第 24 题和地球科学部分附加题。）

---

① 五大湖（Great Lakes）是位于加拿大与美国交界处的几座大型淡水湖泊，按面积从大到小分别为：苏必利尔湖（Lake Superior）、休伦湖（Lake Huron）、密歇根湖（Lake Michigan）、伊利湖（Lake Erie）和安大略湖（Lake Ontario）。

② 1 美制加仑 =0.003785411784 立方米。——编者注

82. 北半球光照最长的一天是在几月份？南半球呢？

答案：北半球：6 月。南半球：12 月。

北半球全年最长的一天在 6 月 21 日前后，被称作夏至。在北半球，全年最长的一天发生在太阳在天空中的位置到达最北点的一天。这一天从日出到日落的时间是全年最长的。夏至代表着夏季的第一天。在南半球，冬至和夏至的顺序与北半球相反。因此，南半球全年最长的一天在 12 月 21 日前后。这就是南半球的夏至。

83. 在春季和秋季，分别有一天的白天和黑夜一样长，是哪两天？

答案：春分和秋分，分别在 3 月 21 日和 9 月 21 日前后。

春分和秋分这两天，白天和黑夜的时间基本上一样长。而白天和黑夜长度都是 12 小时的一天实际上是在春分和秋分的前后几天。这一天的日期在不同纬度的地区有所不同。春分或秋分这天，日轮的几何中心点穿过赤道，在 12 小时之内，从地球的任何位置看，这个中心点都处于地平线上。当然太阳不仅仅是一个几何中心点。对日出的定义是日轮的前沿在地平线上出现的一瞬；反之，日落则是太阳的后沿消失在地平线上的一瞬。这两个时刻是一天内阳光直射的开始和结束。

84. 为什么日出后一小时比日出时要冷？

答案：因为地球在日出之后继续失去热量。

我们通常认为，一天中温度最低的时刻是日出时分，因为夜里地球都在不断降温。夜里温度持续下降的原因有二：一是地球不再接收太阳的热量；二是地球开始向外散热。这两者整夜都在不断起作用，地球因此失去热量。

日出时分，太阳的热量又开始回归地球，但是地球仍以散热为主。到日出后约一小时，太阳辐射的热量就会超过地球的散热。

85. 天气预报里的“预警”和“警告”有什么不同?

答案：预警指有可能，警告则指已经证实或即将发生的情况。

对天气状况的预警由国家气象部门发布，指某种灾害很有可能发生，也就是发生的可能性很大。在预警发布后，人们应当关注天气预报，考虑一下灾害发生时采取什么行动并做好准备。

如果气象部门发布警告，那表明某种天气灾害很快就会发生或者已经发生。这时需要尽快采取行动，保护生命和财产安全，躲开灾害地。警告类别（龙卷风、暴风雪、飓风等）即表明了灾害种类以及相应的安全措施。

86. 下雨天人们先看到闪电还是先听到雷声?

答案：先看到闪电，之后才听到雷声。

闪电实际上是个巨大的火花。火花的出现是由于积雨云中这块云和那块云之间以及云与地面之间正负电荷的分离。雨滴、冰雹、雪花在降落的过程中，会产生电荷的分离，就像在羊毛衫上摩擦气球。云层里的运动导致降水，也使得部分云被负电荷主导，另一部分被正电荷主导。当正负电荷差异过大，空气不能隔绝时，就会发生放电现象，出现火花，也就是闪电。

闪电发生时，闪电区内空气的温度可能会高达 27760℃，这是太阳表面温度的 4.5 倍。高温气体会快速向闪电区之外的空气中膨胀，结果是闪电边缘处的一个巨大声波，也就是雷。

闪电以光速传播，每秒达 299338 千米；而雷以声速传播，每秒仅有 317 米，因此我们会先看到闪电。

暴雨天气里，如果你想知道离闪电有多远，那就从看到闪电时开始数数，直到听到雷声。注意用 1—1000 整，2—1000 整，3—1000 整的模式来数，每一个计数表明闪电在 0.3 千米开外。也就是说，如果你数到 3—1000 整，那么闪电的距离就是 0.3 千米的 3 倍，也就是约 1 千米之外。如果闪电和雷声之间几乎没有空隙，那么闪电就非常近了，也可能你就会有麻烦了。

87. 说出降水的不同形式。

答案：雨、雪、冰雹、冻雨、雨夹雪，这些都是不同形式的降水。

如果水汽在云层中积得太重，那就会落向大地，形成降水。降水形式各异——有的是冰冻的，有的是液体。

水汽在云层里越积越多，形成的水滴就会落向地表，形成雨水。开始时，降雨只是毛毛雨，可能会缓缓地飘向地球。但毛毛雨滴彼此碰撞后会融合在一起，这样就会变大，从而形成真正的降雨。

如果雨水在降落过程中经过冷气层，雨滴就可能被冻成冰球，从而形成冰雹。如果雨水降落的地方，无论是树木、道路还是汽车，其温度在冰点以下，那雨水就会很快结冰，这就是冻雨。

在强雷阵雨情况下，雨和雪可能会在形成降雨的中央上升气流中共存，形成大的“冰滴”。上升气流能把冰滴带到更冷的云层顶端，这就会使雨变成冰，形成冰雹。如果上升气流很强，冰雹就会被气流托住，在云层中上下穿梭数次，表面变得冰光水滑；还可能停在冷云层一些时间，裹上一层极冷的水汽（-40℃）。冰雹越来越重，上升气流再也无法托住的时候，就会从天而降。落地过程中经过云层下的暖气层时会融化一部分，但不是全部，因此落到地上仍然是冰。如果高尔夫球大小的冰雹落到地面，想想它在云层里该有多大！

而雪花只不过是冰晶的结合体。冰晶从云层落向地面时会彼此结合，形成雪花。由于雪花落下时经过的大气层不足以使其融化，因此落到地上还是雪花。

88. 彩虹形成的要素是什么？

答案：光与降水。

一边太阳一边雨时，彩虹最容易生成，再有就是暴雨将至时。阳光射到雨滴上后，会分解成其本身原有的赤橙黄绿青蓝紫七色。这些颜色的光的粒子在雨滴里不停地跳跃，反射出雨滴边缘，再度组合后形成彩虹。

彩虹与玻璃棱镜形状不同，但对光线有同样影响。其中之一是折射，也就是光线的“弯曲”。光线在大气中穿行经过水时就会发生弯曲，也就是改变方向。彩虹的另一个影响是散射，也就是光的回转。光在穿过雨滴时发生的折射和散射与光照在棱镜上的情形一样。当阳光以比较低的角度穿过雨滴时，我们就能看到彩虹，不过我们的位置应当是在太阳和雨带之间，而且应当背向太阳。

我们无法随着彩虹的弧度看到地平线以下，但我们站得越高，看到的彩虹本身就越多。这就是为什么在飞机上我们能看到完整的彩虹，而飞机的影子是在彩虹中央。有时光线在雨滴里会有数个方向的反射，这时我们就能看到双虹。

89. 飓风和龙卷风有什么区别?

答案：龙卷风是从雷阵雨的云层延伸到地面的旋转气柱。有时龙卷风以漏斗云的形式出现。龙卷风的风速可以达到每小时约483千米。大多数龙卷风数百米，持续时间只有几分钟。龙卷风大多形成于一次雷阵雨。

飓风是一种热带风暴，其风速为每小时至少119千米，最强烈的飓风持续风速可达每小时249千米以上。飓风范围大小不一，但一般会在483千米左右，有时会持续数日。

飓风是热带地区海洋上空雷阵雨聚集的结果。在一定情况下，强风可能会在云区周边旋转，形成热带低气压。风速加大后，低气压就可能转化为热带风暴（对此还会有命名），进而可能形成飓风。热带风暴一旦成为飓风，往往会出现一个“风暴眼”，也就是飓风中央相对平静少云的部分。飓风登陆后，往往会带来龙卷风。

飓风最危险的不是风，而是水。洪水给生命和财产带来巨大威胁。龙卷风的危害则主要来自强风。

90. 科学家用什么表示地震强度？

答案：里氏震级。

许多年以来，地震学家，也就是研究地震以及地震波的科学家，一直在用里氏震级来测量地震的强度或震级。里氏震级是由查尔斯·里克特博士于 1935 年确立的。当时他意识到地震所形成的地震波可以用来估计地震的震级。地震是相邻的岩层突然沿彼此滑动时发生的。

里氏震级提供了一个经过校准的对地震波强度的排列，其所代表的地震强度从 2 级（人体感觉不到）到 8 级以上（可以带来严重破坏）不等。科学家用地震仪来测量地震波。地震仪通过弯曲的线在震动图上记录下其传感器所捕捉到的不同程度的地壳运动。安放在适当地点、高灵敏度的地震仪能够记录世界上任何地方发生的 4.5 级以上的地震。地球每年大概发生 18 次 7 级和 7 级以上的地震，而 7 级以下的地震和 3.9 级及其以下的微震则有 140 万次。

里氏地震度数是建立在 10 倍基础上的，也就是 6.5 级的地震所带来的震动是震动图上所显示的振幅的 10 倍。这也表示一场 6.5 级的地震所释放的能量是一场 5.3 级地震的 30 倍。但地震所带来的破坏性并不完全取决于震级；房屋建筑标准、人口密度、地表结构以及距离震中的距离都可以成为影响因素。

一般科学
答 案

91. 英语单词后缀“ology”是什么意思？

答案：“ology”表示科学的一个领域或分支。

“ology”是希腊词根，意为“××学”。我们给这个词根加上一个前缀，它就成为一门科学的名称。例如前缀“bio”表示生命或有机物，那 biology 就是生物学；“geo”表示地球，那 geology 就是地质学。相应地，volcanology 则是火山学。后缀“onomy”和“ology”极其相近，意思是“××的科学”。例如 astronomy 是宇宙学、taxonomy 则是分类学。

92. 什么是假说？

答案：假说是对事物成因给出的一种解释。

Hypothesis 原为希腊语，意思是“假设”或“推断”。今天，这个词用来表示一种有待验证的说法。科学产生的方式多种多样。有时，科学家观察到某种现象——例如室温下存放的食物要比低温下存放更容易变质——之后给出对现象的解释；有时，科学家直接回答某个问题，例如老鼠是吃蔬菜好还是吃巧克力好，这些都属于假说。无论假说是出自实际观察还是出自纯粹的思考，科学家的任务都是进行实验，以证明假说是否成立。通过严格的实验，科学家可以确定假说中哪些是猜测，哪些是真理。

93. 表示温度的两个基本方法是什么？

答案：华氏度（℉）与摄氏度（℃）。

温度用来表示物体的冷热程度，可用温度计或其他带有刻度的工具来测定。温度读数的大小取决于刻度所用的两种不同的制式，也就是摄氏度与华氏度，而每种制式都是在水的冰点和沸点之间划分出一定的度数。对摄氏而言，水的冰点被定为 0℃，在海平面上纯水的沸点被定为 100℃，二者之间被划分了 100 度；对华氏而言，水的冰点被定为 32 ℉，沸点被定为 212 ℉，因此二者之间被划分成了 180 度。

华氏度可以转换为摄氏度，方法是把华氏度的度数减去 32，之后乘以 5/9，也就是（F−32）×5/9=C，所以 59 ℉也就是 15℃。

虽然华氏度过去在英语国家广泛使用，但从 20 世纪 60 年代末和 70 年代初开始，许多国家转而使用更为方便的摄氏度。不过美国是个例外，直到今天仍在使用华氏度以及其他英制制式。

94. 一杯水重几磅[①]？

答案：半磅。

计量单位主要有两种：英制和公制。美国是少数几个仍在使用英制单位的国家之一。英制的单位包括加仑（gal）、品脱（pt）、英寸（ft）、英里（mi）、磅（lb）等；而公制单位包括升（L）、米（m）、千米（km）、克（g）等。在测量液体时，英制的基本单位是加仑，1 加仑等于 4 夸脱、8 品脱或 16 杯，大约重 8 磅。因此 1 杯水重 0.5 磅。有句顺口溜能帮助我们记住这种换算关系：1 品脱是 1 磅，全世界都一样。

1 升水重 1 千克。1 杯水大约等于 0.24 升，而 0.24 升水也就等于 0.24 千克。

---

① 1 磅 =0.45359237 千克。——编者注

95. 一吨苹果重还是一吨羽毛重？

答案：一样重。

首先看看1吨有多重。不论你称的是什么，英制单位中1吨（t）是2240磅，而公制单位中1吨（mt）是1000千克或2204.6磅。无论你用哪种制式，1吨苹果和1吨羽毛都一样重。不过因为羽毛太轻，1吨羽毛的体积要远远大于1吨苹果的体积。

96. 科学家在做实验时会改变产生某种特定现象的条件，以便观察这种改变所带来的变化。科学家每次会改变几个条件？

答案：一个。

科学家在研究某种现象时，必须做好以下两件事情：尽可能准确地记录每一个实验结果以及保持适合的实验条件。科学家必须认真记录实验中的每一个新环节，例如在观察光对植物的作用时，每次所用的光在量和种类上都需严格控制。而土壤、湿度等都应尽可能保持一致，因为其中任何一项的变化都会对植物本身产生影响。科学家在就不同情形做实验时，每次只能改变一个变量，例如光照时间、光照强度或光的颜色。实验室的设备也需高度专业化，这样才有助于实验成功，有助于科学家在可靠而且不受外界影响的情况下做实验。

但有些实验本身并不允许改换单个的条件。有时，科学家也难以控制所有变量。在这种情况下，重复实验多次能够降低错误概率。

97. 在实验室里做实验时，科学家为什么要穿白大褂？

答案：保护自己，也保护自己的衣服。

总体而言，科学家并非只穿白大褂，他们和其他人的穿着没什么不同。但他们在实验室可能会接触有害物质，需要戴上防护眼镜保护眼睛，也要穿上白大褂，防止有害物质溅到身上。他们往往还要穿上有防护作用的裤子和鞋子。那为什么是白色的大褂呢？原因之一是白色衣服染上其他东西后比较明显，另外的原因则是传统。虽然发生起火、爆炸或液体泄漏时白大褂也起不了多大作用，但这毕竟是另外一层衣服，可以在沾染了有害物质后立即脱掉。而且在溅上少量有毒或腐蚀性物质时能够提供保护。白大褂应当放在特定的地方，例如实验室入口的衣架上，而且应当定期清洗。

98. 受控组是什么？

答案：受控组指的是观察人员可以了解到其变化量度的特定组。

许多科学实验的目的是确定某个特定因素对特定人群的影响，例如实验某类药物是否能够帮助有学习障碍的人在上课时集中注意力。科学家会让一组人服药，之后通过调查与试验确定药物是否奏效。

但许多人往往相信只要吃药就会奏效，这对研究不太有利，因为被试验的那组人可能会主观认为有效果，而实际上并没有。为了避免这一点，就可以启用受控组。受控组只服用安慰剂，不含任何药物，只含糖和其他无效成分。但这一组也会被告知服药之后的种种效果。这样，把两个组的效果加以对比，真实的结果也就出来了。

99. 双盲安慰剂控制法实验的目的是什么？

答案：消除偏见的影响。

在单盲实验中，实验对象不知情，只有研究人员清楚。在这种情况下，实验对象在与研究人员互动时很有可能受其影响，这就是“实验者效果”。

双盲则是一种非常严格的科学实验方法。在双盲实验中，实验对象和实验者都不知情，只有在记录下所有数据（有时还要分析）之后，实验者才知道是怎么回事。双盲实验能够减少偏见的影响，避免对结果无意的暗示。严格来说，在这类实验中，每个参与的科学家都不应知情，不应知道是谁在接受实验。

100. 说说科学研究的主要动机。

答案：好奇心、寻找问题解决之道、名誉、财富以及造福地球和实现人类的愿望。

有好奇心，就对事物有兴趣，就愿意看看在特定条件下会发生什么，能够发生什么。为了发现事物真相，科学家往往会采取一系列步骤来进行探究。

有时研究人员希望找到解决某个问题的办法，例如摩根就发明了交通信号灯。1914 年，他发明的交通信号系统，也是世界上第一个交通信号系统，在俄亥俄州的克利夫兰投入使用。这项发明的目的是为了应对汽车出现后越来越多的行人安全问题。

爱因斯坦的名字家喻户晓，他是最著名的科学家之一，但他在美国期间从来就没富有过。1879 年，爱因斯坦出生在德国一个富裕的家庭。后来纳粹政权没收了他的财产，取消了他的公民资格，他于 1932 年移民到了美国，后就职于新泽西州普林斯顿的高等研究院，一直到 1955 年去世（参见第 50 题）。

有的人很富有，但籍籍无名，保罗·艾伦就是一例。虽然人们知道他很富，但他当时名列世界富豪排行榜第四位的事实却几乎无人知晓。艾伦是比尔·盖茨的合作伙伴，靠开发电脑帮助微软取得了巨大成功，自己也成为一个不期然而然的亿万富翁。

再看乔纳斯·索尔克博士，他研制出了小儿麻痹症疫苗，这一发现帮助世界上无数人摆脱了这种疾病的困扰。1947 年，索尔克博士任匹兹堡大学病毒研究室的主任。在改进流感疫苗的过程中，他开始研究引起小儿麻痹症的病毒，希望能找到一种疫苗来应对这种疾病。1952 年，他开始在几名志愿者身上试种用杀灭后的病毒制成的疫苗，而这些志愿者就是他本人、他妻子和他的 3 个儿子。

有时，科学研究是出于科学家帮助他人的愿望。学习声学的亚历山大·贝尔发明了电话，但他发明电话的主要目的是想帮助他那耳聋的母亲。他还是读唇术的先驱，因为他发现耳聋的人视觉特别敏锐，可以用来辨别声音。贝尔毕业于苏格兰的爱丁堡皇家高等学校，那年他只有 13 岁。

101. 在古希腊，科学家被称为什么？

答案：哲学家。

在古希腊，人们对自然世界的研究是和对事物存在状况的

研究紧密相连的。他们认为物质世界和人类行为之间存在直接联系，这就把哲学和科学联系起来，而且当时的科学也不是现代概念上的科学。到了现代，我们把当时的科学家也称为哲学家。

苏格拉底是当时最有名的哲学家之一。公元前 5 世纪，他生活在雅典，投身于寻求事物的真相，并在此过程中显示出对科学理论的浓厚兴趣。阿那克西曼德是另一位古希腊哲学家，比苏格拉底要早约 100 年。他认为所有的物质均来自于“无定者”，在希腊语里这个词指的是宇宙无边的属性。正是由于“无定者”中的冷热干湿等不同成分的提纯才形成了不同的物质。通过对化石的研究，阿那克西曼德相信所有生物都会随着时间的推移由简单形态变为复杂形态。

到了现代，哲学和科学成了不同领域的学问，但许多人仍然认为，对物质世界的研究和对哲学领域的探究在本质上是相通的。

附加题答案

生物学

在哺乳动物中，食肉动物占多大比例?

答案：6%。

食肉动物是指主要靠吃肉生存的动物，例如北极熊、狮子、狐狸、海象等。已知的哺乳动物约有 4200 种，其中 250 种左右是食肉动物，大约占总数的 6%。当然，许多食肉动物也不仅仅吃肉，其中不少也吃植物和蜂蜜。

虽然有些动物属食肉动物，但其中有些动物的食物主要是植物。例如大熊猫，虽说属于食肉动物，但其食物中有 99% 是竹子。动物吃什么和它能够找到什么食物关系很大。有几种动物，例如老鼠，虽然被归为食草动物，但有时也吃肉。

为了吃肉，食肉动物必须有利爪、利齿或利喙，此外，它们还要有一双前视的眼睛，以便有利于判断和猎物之间的距离。

食草动物则是以植物为主要食物来源的动物。它们的牙齿比较平，这样有利于咀嚼坚硬些的植物；它们的脚适合奔跑，眼睛位于头的两侧。要想记住食肉动物和食草动物的区别，不妨记住这句顺口溜：眼睛向前喜欢肉，眼在两边喜食素。

化学

室温下什么金属呈液态?

答案：汞（水银）。

汞是室温下唯一呈液态的金属，此外，钫、铯、镓和铷等几种金属在略高于室温时也会融化。汞原子间的组合非常松散，很容易受温度的影响，因此其沸点与熔点比其他任何金属都低。虽然汞呈液态，但并不给人以湿润感。其表面张力和其他液体不同，因此不会渗到其他物体中，而只是从物体表面流过。在自然界中很少单独见到汞，在西班牙和意大利的朱砂矿中比较多见。

过去，人们制作温度计、气压计、镜子等都要用到汞，但汞带有一定的毒性。现在，大多数家用温度计已经不再用汞，但你如果还在用带汞的温度计，那么在不慎摔破时就要特别小心，要仔细清理和处置溅出来的水银，不要沾到皮肤，也不要沾到家里其他的物品。水银变成气态后也很容易被人吸入。如果在溅出的水银里加上硫，还会发生化学反应，生成一种黑色的坚硬物质。这可以用一种特制的吸尘器吸掉后处置。无论怎样，如果发生了水银溢出的情况，最好打电话咨询一下环保部门如何妥善处理。

物理学

站在镜子前面，镜子需要多高才能让你看到自己的全身?

答案：身高的一半。

镜子的表面打磨得非常光滑而平整，这样才能充分反射出放在镜子前面的物体。但真正反射物体的平面其实是镜子背面所镀

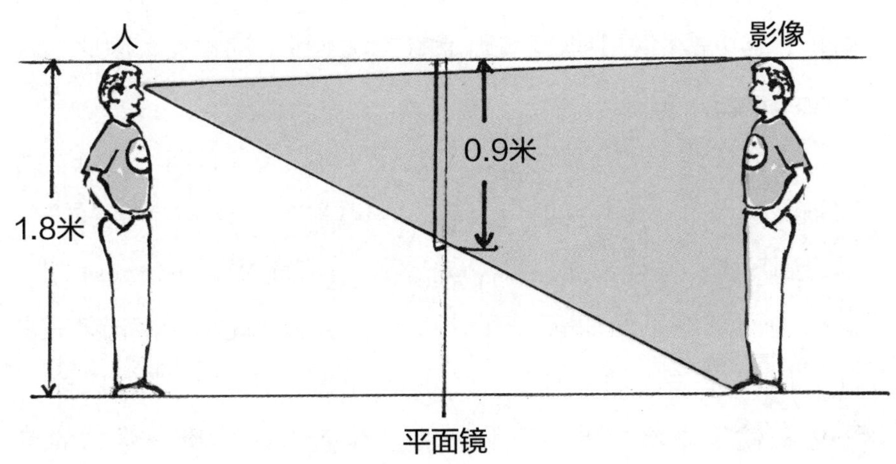

的金属，这层金属如果不具有反射性，那么镜子就不能成像。这层金属的反射性要远远大于玻璃，玻璃只是起到透光的作用。有时在光滑的家具表面或在光滑的水面也能看到反射，但一面平面镜能够近乎完美地反射形象。我们几乎每天都要用到镜子，例如司机用车上的镜子察看周围的车，牙医用检查镜检查牙齿，科学家通过显微镜和望远镜观察物体。

要想在平面镜里看到自己的完整形象，那面镜子就要有你身高的一半。也就是说，一个身高 1.8 米的人得需要一面 0.9 米高的镜子才能看到自己全身。不论他站得离镜子是近还是远，要想看到自己全身，那么镜子就得有 0.9 米高。

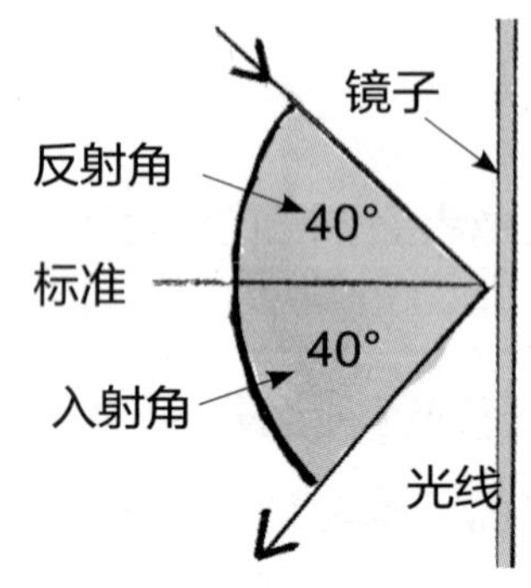

这一点与光线射到镜面的角度有关。如果光线不是直射，而是以某个角度射到镜面，那么光线会以与镜面的垂直线相对而言同样的角度反射出去。光线射到镜面的角度是相对于那条垂直线而确定的，这个角度叫作入射角。光线反射出镜面的角度叫作反射角，它也是相对于垂直线确定的，只不过方向相反。因此，入射角与反射角相等。

当你在镜子里看自己时，向上可以看到头顶，向下可以看到双脚。因为入射角与反射角相等，你只需向下看一半就能在镜子里看到双脚；同样，你也只需向上看一半就能看到头顶。

这一点你不妨验证一下，而且你会发现这与你和镜子之间的距离无关。站到离镜子 0.9 米开外，让朋友帮你标注一下你在镜子里看到的头顶和双脚的位置，之后量一量你的身高和两个标记之间的长度。现在再离镜子远两步，重复刚才的过程，你会发现你用只有自己身高一半长度的镜子就能看到全身。

地球科学

在历史长河中，人类曾为自然资源例如盐、土地、石油等而发动过无数次战争。科学家担心另一种资源会成为下次全球性冲突的原因。这种资源是什么？

答案：水。

生命离不开水。由于世界人口的不断增长、水资源的污染以及全球气候变暖，淡水变得越来越少。虽然地球上咸水储量很大，但清洁的淡水资源已成为一个不可忽视的经济和社会问题。

对许多国家而言，水是一项战略资源，有时甚至会引起战争。联合国教科文组织设有专门的世界水资源开发项目。根据该项目的预测，今后 20 年，世界上的淡水量将会减少，将有 1/3 的人口缺乏能够满足基本卫生条件的淡水。因缺少安全的饮用水而危及众多人口的情况已屡见不鲜。2000 年，至少有 220 万人死于干旱或因饮用水污染而导致的疾病。2004 年，英国慈善组织 WaterAid 报告显示，每隔 15 秒，就有一名儿童死于与饮用水有关的疾病，而这些疾病的预防并不难。有人甚至预测，今后清洁水有可能变得像今天的石油一样稀有和贵重，这可能使淡水资源十分丰富的加拿大成为世界上最富有的国家（参见第 24 题和第 81 题）。

一般科学问题

地球上的能量出于何处？

答案：太阳。

对我们这个星球上的生物而言，所有的能量均来自于太阳。太阳是离我们最近的一颗恒星，是由融化的气体组成的一个巨大的火球，通过多种方式为我们提供能量，其中最为明显的就是光和热，这使我们得以取暖。太阳还提供了供绿色植物生长的能量。在太阳的照射下，绿色植物通过光合作用把水分解为氢和氧，这是地球上一切食物得以产生的根源。通过光合作用，绿色植物还为动物提供了生存所需。动物通过食用植物和猎食其他动物得以生存。动物和植物死去后，在微生物的作用下，又会变为土壤的一部分，因此其能量又回到了地球。这是一个永无止境的能量循环。

此外，太阳能，包括无线电波、X 光以及一般的光，还能被用来为我们的车子和房子供电。化石燃料，例如汽油和煤炭，来自于数百万年前依赖于太阳能的动植物。水电甚至风能也是因为太阳的作用才成为可能。太阳会使海洋、湖泊、河流中的水蒸发，蒸发后的水气形成云，有云才有雨，雨水落到大地，又继续在河流流动。我们建造大坝，利用水的流动形成能，也就是发电。风能也来自于太阳。由于太阳对地表的照射强度不一，因此空气会从冷的地方流向热的地方，这就形成了风，也才能发电（参见第 57 题和第 71 题）。